**世界に通用する
パワーワーズ＆フレーズ
を身につける!**

ビジネス・コミュニケーションを成功に導く

英会話
ペラペラ ビジネス
100

改訂版

スティーブ・ソレイシィ
ロビン・ソレイシィ
共著

JN087254

アルク

はじめに

　日本の「ビジネス英語」の教材には、つい苦笑してしまうことがあります。中には良い教材もありますが、古い英米文学の中でしか見ない言葉や、複雑に入り組んだ表現がずらりと並んでいる本も、いまだにあるのです。そういう本はどう見ても、「外国人と円滑なコミュニケーションをとる」ためのものというより、「へぇ、こういう英語があるんだ」と読者を感心させるための、単なる読み物に過ぎません。いわば「観賞用」のビジネス英語です。**本当のビジネス・コミュニケーションでは、小難しい言葉や、複雑な長い文は不要です。**ありとあらゆる小難しい単語や、母語でも使わないような言い回しを知る必要はありません。専門用語も、自分の仕事に必要なジャンルのほんの一握りの単語を、ちゃんと基本文の中で生かせることができればOK です。

　しかし、世界のビジネスシーンで絶対に許されないことがあります。それは、難しい英語表現や長文を言おうとして、長く言葉に詰まってしまうこと。英文を組み立てるのに余計な時間がかかり、相手を長く待たせ、結局、コミュニケーションの能率を悪くしてしまうことです。これでは、世界の人に相手にされなくなってしまいます。まるでキッチンから全く料理が出てこないレストランにいるようなフラストレーションを与えてしまうのです。どんなに高級なことを言おうとしても、結局言葉が出て来なければ本末転倒。この点、日本でいう「ビジネス英語」はビジネス・コミュニケーションを成立させることにほとんど貢献していません。

　例えば、I appreciate being afforded the opportunity to put forth our suggestions today, in spite of your jam-packed schedule. のような表現を載せているビジネス英語本があります。でも、この文は「ビジネスらしく」響いてはきません。このような無駄に長い文を必死で覚えても、引っ掛か

って言えない可能性があります。さらに、この一文でエネルギーを使い果たして、その後のやり取りが続かなくなるかもしれません。

　世界の人々とのコミュニケーションでは、**ごく基本的な表現を使いこなして流暢に話すことが最も重要です。丁寧に、正確に、そしてペラペラに操ること。これが本書でいう大切な「ペラペラ・ビジネス・コミュニケーション」です。**実際に世界の人々はビジネスシーンにおいてシンプルな定番フレーズで意思疎通を図っています。例えば前述の文であれば、Thank you so much for your time today. でOK。本書がフォーカスしているのは、こうした、世界のビジネスパーソンが用いている基本的な英語表現をちゃんと身につけることです。赤シートを使って練習し、丁寧に、正確に、そして流暢に話す能力、つまり、教養ある一人の大人としての、世界に通用するコミュニケーション能力を育てましょう。それが本書の目的です。

　基本的な英語といっても、学校英語を一からやり直す必要は全くありません。本書では、知的な大人の会話を成立させるのに必要な100のパワーワーズ＆フレーズを紹介し、基本的な言葉を会話の中で使いこなすための術を伝授します。また本書では、めったにおかさない小さなミスをあげつらうのではなく、学習者が最もおかしやすいミスだけを指摘します。例えばSit down. やI want . . .、One more please. などの失礼な表現に代わる大人のためのフレーズを紹介します。世界で"Your English is good." と言われるには、小難しい長文をやっと言うことより、定番のフレーズをペラペラと連続して発し、言いたいことを表現することです。この本でそういうフレーズをゲットして、世界で通用するコミュニケーション能力をつけていきましょう。

スティーブ・ソレイシィ

CONTENTS

First Contact | 初対面の人との 成熟した大人としての接し方

Light Contact | たまに会うような人と いいrelationshipを築いていくために

Regular Contact｜いつも会うような人と 互いに respect しあうために

Heavy Contact | ごく頻繁に接する人と
信頼しあえるコミュニケーションをとっていくために

◆ Business Communication 改善講座

めざすのは、本物の

本書は、世界の人々とコミュニケーションをとる力を育てることを目的としています。タイトルには「ビジネス」とありますが、決して小難しい専門用語やイディオムは収載していません。それらは日本製「ビジネス英語」。実際に世

日本製「ビジネス英語」の本

使い方 　受け身の英語鑑賞

ある場面のダイアログや単語のリストを眺めて、「へえ、こんな言い方があるのか」と感心して終わり。構成は必然的に「外国語を見て、母語で理解する」ことに終始するパターン。つまり、受信型の勉強法。名付けて「英語鑑賞」。

目標 　厄介なダイアログなどの理解、または丸暗記

「いつか」言われるかも、「いつか」言うかも、と「いつか」に備えるのが目標。

内容 　意外性あふれる英語熟語を数多く収載

アメリカやイギリスなど英語圏の一部の人にしか使われない、意外性にあふれる英語熟語がずらり。多くの学習者にとってなじみのない表現を載せることで、「勉強になった」気にさせることができる。おまけに、言いそうもない「NG英語」を"脅し"として載せる。

特徴 　特殊・レア表現を収録

1. 英語が母語でない人には知られていない言葉。
2. 特殊な言い回しや単語とその和訳を数多く掲載。
3. よく言えば、「中途半端な英和辞典」。

通じる範囲 　英語圏だけ（人口＝約4億人）

英会話への近道。

界に通用する英語とはかなり違います。そこで、従来の「ビジネス英語」の本とこの『改訂版 英会話ペラペラビジネス100』とはどれだけ違うのか、以下にまとめてみました。

本書

使い方 発信力を高めるトレーニング本として

本書は、グローバルなビジネスシーンで通用する本物の英会話力を育てるためのトレーニング本。母語で言いたいあんなこと・こんなことを英語ではどう言うのか、付属の赤シートを利用して練習。フレーズは一度きりではなく、本書中のさまざまな場面に繰り返し登場するので、自然に覚えられる。

目標 本当に必要なフレーズと会話術を身につけ、「ペラペラ」になること。

世界の人と丁寧に、正確にコミュニケーションする能力を身につける。

内容 実践的なフレーズ＆会話の基本技と裏技

英語圏だけでなく、グローバルな場面で使える定番表現、特に表現力をアップさせるもの100を厳選。ありがちな和訳と語注ではなく、意思疎通をスムーズにさせるテクニックとストラテジーをわかりやすく伝授。「NG英語」もつい言ってしまいがちな例のみを厳選して紹介。

特徴 実用性100パーセント

1. 最も汎用性のあるビジネス英語表現に絞って紹介する。
2. 学習者がペラペラになるために英文法の規制を緩和する。
3. 学習者の致命的な英語の間違いをリサーチし、通じるアドバイスを掲載。
4. 失礼に当たるありがちなミスも指摘して、丁寧で教養のある大人の言葉に差し替えていく。

通じる範囲 世界中の英語を話す人（人口＝約21億人）

ビジネス・コミュニケーションと

日本製の「ビジネス英語」が自分の英会話力にほとんど役立たないとわかってくださった読者のみなさんは、きっと「では、日常会話とビジネス・コミュニ

ビジネス・コミュニケーションと日常英会話の共通点

1 連続で文を言えるか、言えないかがポイント

めざすのは、たった一つの文をより正しく作ろうとすることではありません。本物の英会話は複数の文を連続して言うこと。ビジネス／日常の別なく、世界基準は「連続した文」を話すこと。

2 リスニングは100%聞き取る必要は全くない

わからなかったら、ためらわずに相手に聞き返してOK。日常的に英語でコミュニケーションをとる人々は世界に約21億。互いに聞き返すことは日常茶飯事。そして、聞き返しこそ、意思疎通を達成するために大切なものともいえます。日常でも、ビジネスでも、有効な聞き返し方はExcuse me. より Sorry?（p.16）、または Would you say that . . . ?（p.24）。こうして相手に言い換えてもらったり、ゆっくり話してもらったりすることがポイント。

3 英文の大原則は、語順にある

英文は主語・動詞（S＋V）から始めることが鉄則。シンプルな会話でも、かしこまった話でも、主語を抜いてはだめ。ありがちなのは、目的語や時間・場所・頻度（Time・Place・Frequency＝TPF）を表す単語から文を始めてしまうミス。常にS＋Vからスタートして、TPFは文末に。

4 意思疎通の秘訣は、文頭か文末に相手の名前を付けること

日常でも、ビジネスでも、大人の会話では、I'm not sure, Tom. のように、相手の名前をつけることが普通。ちなみに現代のグローバルなビジネスシーンでは、名字よりファーストネームで呼ぶのが一般的。なお、本書ではTomのようなファーストネームの最も適切な訳として、「トムさん」のように「さん付け」を使っています。ファーストネームだけで呼ぶことが、日本語での名前の「呼び捨て」とは異なることを意識してほしいからです。

日常英会話は、どこがどう違う?

ケーションは全く同じなのか?」あるいは、「どこが違うのか?」という疑問
をもたれることと思います。以下をチェックしてください。

ビジネス・コミュニケーションと日常英会話の相違点

1 ビジネスでは Time is money.

「時は金なり」。だから、途中で言葉に詰まってしまったり、1分や2分の間に
一言しか言えないような人は、ビジネスで相手にされません。この点は、日常
的な「おつきあい」よりシビアです。ビジネスパーソンが、お友達感覚で会話
の相手をしてくれるわけではないのはもっともなこと。だから、簡単な英文を
連続で発して会話のラリーを続けることが必須です。そこが本書のタイトル
「ペラペラビジネス」の背景です。

2 ビジネスシーンで多用する主語は We

主語は、英語の命。そして、ビジネスシーンでよく使う主語は We。これは
「私たち」ではなく、「弊社」の意。日常会話なら「I」と「You」がメインで
すが、会社として相手にものを言うときの代名詞は We と複数形で。「御社は」
も複数形の You か They で。

3 無礼な言葉は許されない

友達との会話と違って、ビジネスシーンでは少しでも失礼な言葉遣いをする
と、とても目立ちます。もちろん目上と目下、「ウチ」と「ソト」の使い分け
は日本のように厳しくありません。だから、そこには力を入れなくても OK。
でも、ビジネス上は、教養ある大人の言葉を使うことがマスト。例えば、I
want ... は不適切な表現。それより I'd like ...（p.58）で要求します。ほか
に、Sit down. より Have a seat.（p.18）を使うなど。

4 避けて通れないお金の話もスマートに

ビジネスで絶対に必要なのは、値段の丁寧な聞き方。「おいくらでしょうか?」
と「いくら?」の違いは英語にもあります（p.40）。

本書の構成と使い方

本書では、知的な大人の英会話を実践するための100のパワーワードとパワーフレーズを4つのContact別に紹介しています。

Contactとはコミュニケーション相手との「接触度」のことです。本書では、First（初対面）、Light（たまに会う）、Regular（よく会う）、Heavy（日常的に会う）の4つのContactを設定し、見開き2ページの中で効果的に100のパワー表現を体得できるよう構成しています。

パワー表現と、それが使われる場面の例を紹介しています。

付属音声のトラック番号

SHORT RALLY

パワー表現が使われる会話ラリーの例です。付属のチェック・シートで一行ずつ「日本語→英語」に置き換える練習をしてください。ここには、グローバル・コミュニケーションで実際に用いられている本物の英語のみ収載しています。

POINT

各パワー表現の活用法のポイントをわ
かりやすく解説しています。
知っているけれどなかなか使いこなせ
ない……そんな悩みも解決します。

どの「コンタクト」に属す
るか、一目でわかります。

POINT わからない時には、Sorry?がビジネス・マナー

First
contact
Light
contact
Regular
contact
Heavy
contact

母語話者同士でも相手の話を聞き取れないことは多い。欧米・アジア・
アフリカ等、英語を世界の共通語として話す場面では、むしろ１回で聞
き取れることの方がまれ。このコミュニケーション・ギャップを埋めら
れる必殺技がSorry?。ニュアンスは「ごめんなさい。ちょっとわかりま
せんでした」。Excuse me?やPardon?は主に、声が小さくて聞き取
れない時、同じことを大きな声で繰り返してもらうための言葉。一方、
Sorry?は謙虚さも相手に伝わるから、易しく言い直してもらえる。この
聞き返す裏技を身につけて。

**Please
don't!** 聞き取れない時に「ん？」や「え？」と言わないで

言葉を100パーセント聞き取る義務はない。けれど、聞き取れない時に
避けたいのはわかったふりをすることと、「ん？」、「え？」、「は？」、
What?!と反応すること。話についていけない時は、笑顔で興味を持
つような感じでSorry?と尋ねると、丁寧だし、最も効果的。この下に
あるEXPANDでも会話を進めるとっておきの表現を紹介する。

Please don't!

日本人学習者に多い
誤用や、コミュニケ
ーション上のマナー
を解説しています。

EXPAND ▶ わからない時のコミュニケーション術

☐ **1. 例えば？**
　　For example?

☐ **2. ■わからない言葉を言われたら　それはどういう意味ですか。**
　　What's that mean?
　　➡ よくある間違いは、「ワッツミーン＋わからない単語？」。mean は文末に

☐ **3. ■わーっと言われて　申し訳ありませんが、わかりません。**
　　I'm sorry I don't understand.
　　➡ 興味を示しながら笑顔で言おう。これでもっと相手に説明してもらえる

☐ **4. 大変申し訳ありませんが、まだわかりません。**
　　I'm so sorry I still don't understand.

☐ **5. ■いろいろ説明されてやっとわかった時に　あぁ、わかりました。**
　　Oh, I see.
　　➡ ここでは I see. が I understand. より自然

17

EXPAND

パワー表現をいろいろな場面に応用できる力をつけるための、ト
レーニングコーナーです。付属のチェック・シートで一行ずつ
「日本語→英語」に置き換える練習をしましょう。例文によって、
→で、用例や文化背景について補足説明もしています。

13

音声ダウンロードのご案内

本書の音声はパソコンまたはスマートフォンでのダウンロードが可能です（どちらも無料です）。

【パソコンをご利用の場合】

下のウェブサイトから、音声のデータ（mp3ファイル／zip圧縮済m）をダウンロードしてください。

アルク「ダウンロードセンター」 https://portal-dlc.alc.co.jp/

※ダウンロードセンターで本書を探す際は、商品コード「7020068」を利用すると便利です

【スマートフォンをご利用の場合】

アプリ「英語学習booco」をご利用ください。

アプリのインストール方法は表紙カバー袖でご案内しています。

※「ダウンロードセンター」およびアプリのサービス内容は、予告なく変更する場合がございます。あらかじめご了承ください。

「本文学習用音声」フォルダ

本書［001-100のパワーワーズ＆フレーズ］を収録

トラック 001-100 …パワーワーズ＆フレーズ
　　　　　　　　　　［トラック番号］＝［ダウンロード音声のファイル番号］
　　　　　　　　　　・SHORT RALLY
　　　　　　　　　　・EXPAND
トラック 101-104 …Business Communication改善講座①-④

【効果的な活用法】

1. SHORT RALLY（ユニット1-100）

各ユニット左ページのSHORT RALLYでは、大人同士の多様な会話場面（スピーチ、ビジネスレター、Eメールの場合もあります）を収録しています。繰り返し聞いて、ナチュラルな英語コミュニケーションにあなたの耳を慣らしましょう。慣れてきたら後について言ってみましょう。英会話の基礎体力「瞬発力」をつけるために、「口慣らし練習」は必須です。

2. EXPAND（ユニット1-100）

応用性の高いパワーワーズ＆フレーズを、知的な大人が発話することを前提に5つの例文で応用してあります。繰り返し聞くとともに、著者が発音した後のポーズを使って口慣らし練習も必ず行ってください。

3. Business Communication改善講座（①-④）

日本人学習者の弱点やおかしがちなミスを指摘し、どのように改善していけばよいのかアドバイスするこのコーナーでは、「いい例」のナレーションを収録しています。発話の雰囲気やレトリックなどを学び取って、より魅力的な発話に生かしましょう。

「Bonus_Track」フォルダ

「ペラペラ瞬発トレーニング100!」（P. 230〜）を収録

トラック 001-007 …ボーナス・トラック
　　　　　　　　　　［トラック番号］＝［ダウンロード音声のファイル番号］
　　　　　　　　　　・トレーニング音声
　　　　　　　　　　・ミニ解説

※「ペラペラ瞬発トレーニング100!」の内容、効果的な使い方はP. 230をご覧ください。

Power Words & Phrases 10

1〜10

初対面の人との
成熟した大人としての接し方

相手に言われたことがわからなかった時、
丁寧に聞き返すには？

1 Sorry?

何ておっしゃいました？

Sorry?

The AT Building on Plum Street.

🔊 001 SHORT RALLY

- ☐ **A:** すみません。ここは、アドバンテージ・テクノロジー社ですか。
  Excuse me. Is this Advantage Technology?
- ☐ **B:** 何ておっしゃいました？
  Sorry?*
- ☐ **A:** アドバンテージ・テクノロジー社のビルを探しているのですが。
  I'm looking for the Advantage Technology building.
- ☐ **B:** あぁ、わかりました。AT ビルはプラム通りですよ。
  Oh, I see. The AT building's on Plum Street.
- ☐ **A:** 何ておっしゃいました？
  Sorry?
- ☐ **B:** プラム通りです。あちらへ行くと、左手にあります。
  Plum Street. It's that way. It's on your left.

＊「サリ？」と短く一息に、語尾を上げて。「ソーリ」とのばさないこと。

POINT わからない時には、**Sorry?** がビジネス・マナー

母語話者同士でも相手の話を聞き取れないことは多い。欧米・アジア・アフリカ等、英語を世界の共通語として話す場面では、むしろ1回で聞き取れることの方がまれ。このコミュニケーション・ギャップを埋められる必殺技が Sorry?。ニュアンスは「ごめんなさい。ちょっとわかりませんでした」。Excuse me? や Pardon? は主に、声が小さくて聞き取れない時、同じことを大きな声で繰り返してもらうための言葉。一方、Sorry? は謙虚さも相手に伝わるから、易しく言い直してもらえる。この聞き返す裏技を身につけて。

Please don't! 聞き取れない時に「ん？」や「え？」と言わないで

言葉を100パーセント聞き取る義務はない。けれど、聞き取れない時に避けたいのはわかったふりをすることと、「ん？」、「え？」、「は？」、What?! と反応すること。話についていけない時には、笑顔で興味を持つような感じで Sorry? と尋ねると、丁寧だし、最も効果的。この下にある EXPAND でも会話を進めるとっておきの表現を紹介する。

EXPAND ▶ わからない時のコミュニケーション術

☐ **1.** 例えば？
For example?

☐ **2.** ■わからない言葉を言われたら　それはどういう意味ですか。
What's that mean?
➡ よくある間違いは、「ワッツミーン＋わからない単語？」。mean は文末に

☐ **3.** ■わーっと言われて　申し訳ありませんが、わかりません。
I'm sorry I don't understand.
➡ 興味を示しながら笑顔で言おう。これでもっと相手に説明してもらえる

☐ **4.** 大変申し訳ありませんが、まだわかりません。
I'm so sorry I still don't understand.

☐ **5.** ■いろいろ説明されてやっとわかった時に　あぁ、わかりました。
Oh, I see.
➡ ここでは I see. が I understand. より自然

2 Have a seat.
どうぞおかけください。

> **Have a seat.**

SHORT RALLY

□ **A:** こんにちは。ドン・クラッチさんを探しているのですが。
Hi.* I'm looking for Don Crutch.

□ **B:** お呼びいたします。
I'll call him for you.
どうぞおかけください。
Have a seat.

□ **A:** ここですか、それともあちら？
Here or there?

□ **B:** どちらでもお好きな席にどうぞ。
Have a seat anywhere you like.

□ **A:** ありがとうございます。
Thank you.

＊見知らぬ人に声をかける時には、Hi. から。言い方は、「ハァ～イ」でなく、落ち着いたトーン
で短く「ハイン」。最後に口を閉じる。

POINT Sit down.は無礼。「もてなしの命令形」を使いこなす

Sit down. =「座れ」。これは、あからさまな命令文。だから人に椅子を勧める場合には、Have a seat. =「おかけください」がいい。これが教養のある大人の使う言葉。このHave a . . .は命令形だけど、「もてなし」のニュアンスがあるので、失礼には当たらない。むしろ品のある言い方。例えば、飲み物を勧める場合、命令形のDrink.だと「飲んで」。Have a drink.なら、「飲み物をどうぞ」。

Please don't! pleaseはあからさまな命令文を丁寧にする 魔法の言葉ではない

Sit down.にpleaseをつけても丁寧にはならない。Sit down.自体は先生が生徒に言うような言葉。特にFirst Contactでは失礼に当たる命令口調は謹んで。Wait. ／Come again. ／One more time.なども失礼な表現。これらを丁寧に言うことが、ビジネスシーンに限らず、知性と教養ある大人の間では必要。この本で身につけていこう。

発音は? 「ハヴァスィ」と明るく、「どうぞ」という気持ちで言おう。語尾のtは弱く。

EXPAND ▶ Have . . .

☐ **1.** どうぞこちらにおかけください。

Have a seat here.
➡ 席順が決まっているとき、来客に椅子を勧めながら

☐ **2.** お好きな席にどうぞ。

Have a seat anywhere you like.

☐ **3.** ■金曜の夜、帰り際に　お疲れさまでした。

Have a nice weekend.

☐ **4.** 私の傘をお使いください。

Have my umbrella.

☐ **5.** おかわりをどうぞ。

Have some more.
➡ Haveの後はanother cup/piece/drinkなど、具体的に言わなくてもこれでOK

3 1. Hi. 2. I'm ○○. 3. 握手

ビジネス・コミュニケーション　自己紹介の3ステップ

Hi. I'm Betty.

((▶)) 003 SHORT RALLY

☐ **A:** はじめまして。ベティです。(握手)
Hi. I'm Betty. *(handshake)*
弊社のインターネット・サービスを運営しています。
I run our company's Internet services.*

☐ **B:** トニーです。
I'm Tony.
貴社のウェブページのデザインを担当いたします。
I'll be designing your web page.

☐ **A:** よろしくお願いします、トニーさん。
It's so nice to meet you, Tony.

☐ **B:** こちらこそ、よろしくお願いします、ベティさん。
It's nice to meet you too, Betty.

＊グローバルなビジネスシーンでは、自己紹介の時、「肩書き」より「仕事へのかかわり方」を
説明した方がいい。上の会話例のようにI'm ... の文を足そう。

POINT 世界に通じる、本物の自己紹介のコツ

自己紹介の基本中の基本は、この3ステップ。1. 目が合った瞬間に Hi.。これは「どうも、こんにちは」や「はじめまして」の意味で、「やぁ」ではない。発音は「ハァイ」ではなく「ハイン」に近い。目上・目下・同僚に使える。2. I'm . . . と名乗る。3. 最後に握手。対面直後、さっとこの3ステップで自己紹介すれば、良いスタートを切ることができる。Let me introduce myself. も不要。また、自己紹介の段階でいきなり年齢や国籍、家族構成などは聞かないし、言わないことが多いので気をつけて。

 Please don't! 弱くて長い握手はご法度。いい第一印象のコツはこれ

握手のコツは、握力でなく、手の接触ポイント。いかに手の平同士をがっちり深く組み合わせるかが大切。そして長すぎる握手は禁物。慣れてない握手と英会話を同時にすることは失敗の元。握手をする時のコツは口を閉じてにこにこと。そして、手を離してから話そう。また、「はじめまして」も How do you do? でなく Hi. が自然。It's nice to meet you. は、この自己紹介の3ステップの後で。

EXPAND ▶ つきあい上手になるために

☐ **1.** ■偶然見かけた同僚に　あ、どうも。

Oh, hi.

➡ Hello. は Hi. の丁寧版ではなく、「もしもし」や「ごめんください」という定番表現

☐ **2.** トニーさん、どうも、どうも。

Hi, Tony.

➡ 返事の表現の決まりパターンは、[Hi ＋相手の名前]

☐ **3.** ■自己紹介しないまま会話が進んだ時に　申し遅れましたが、健介と言います。

By the way, I'm Kensuke.

➡ こう言って手を差し伸ばして握手を求めるといい

☐ **4.** ■自己紹介に続けて自分の呼び名を伝えよう　私を「ケン」と呼んでください。

Please call me "Ken."

☐ **5.** 何とお呼びしたらよろしいですか。

What should I call you?

May I have Sales, please?

営業部をお願いできますか。

> May I have Sales, please?

((▶)) 004 **SHORT RALLY**

☐ **A:** ABC出版でございます。
Hello, ABC Press.

☐ **B:** もしもし、営業部をお願いできますか。
Hello? May I have Sales, please?

☐ **A:** はい。お名前をいただけますか。
Yes. May I have your name, please?

☐ **B:** ジョン・タワーです。
This is John Tower.*

☐ **A:** 少々お待ちください……
Just a moment, please . . .
申し訳ありませんが、話し中でございます。
I'm sorry, but the line is busy.

☐ **B:** それでは、内線172をお願いできますか。
OK. May I have extension 172, please?

☐ **A:** かしこまりました。
Sure.

＊電話口で名乗る時は、I'm . . . でなく、This is . . . で。このThis は、電話から聞こえてきて
いる「この声」の意味。

22

POINT　電話に必須の表現

「だれかにつなぐ」「代わる」「何番に回す」と言いたい時、個別の表現を覚える必要はない。全部、[May I have＋人の名前／内線番号／部署名, please?] で言える。May I speak with／to . . . ? など類似表現もあるが、人にしか使えない点で活用性が低い。たくさん知っていても、瞬発的に言えなければ意味がない。また、May I have . . . , please? は、電話だけでなく、ほしいものを頼んだり教えてほしいことを尋ねたりする時に使える丁寧な万能表現。下にあるEXPANDの表現を、赤シートを使って言ってみよう。

 「お名前は？」に**What's your name?** は失礼

電話で相手の名前を尋ねるのにWhat's your name? は失礼な印象を与える場合があるので使わないで。大人同士のFirst Contact では、May I have your name? の方が確実に丁寧な印象を与える。もう一つ避けたいのは、「ほしいもの＋プリーズ」という言い方。「1部ください」にCopy, please. は無礼。教養のある大人は普通、May I have a copy, please? などと言う。これは頼りになるパワーフレーズ、ナンバーワン。

EXPAND ▶ May I have . . . , please?

☐ **1.** Wi-fiのパスワードを教えていただけますか。
May I have the password for the Wi-fi, please?

☐ **2.** お名前をフルネームで教えていただけますか。
May I have your full name, please?

☐ **3.** メールアドレスを教えていただけますか。
May I have your e-mail address, please?

☐ **4.** もう一度最後の部分をおっしゃっていただけますか。
May I have the last part again, please?
➡ p. 16のSorry? やp. 24のWould you say that again, please? と併せて活用しよう

☐ **5.** 日本語を話せる人をお願いできますか。
May I have a Japanese speaker, please?
➡ May I speak to . . . ? は応用性が低い。May I have . . . ? を活用しよう

5 Would you say that again, please?
もう一度お願いできますか。

Would you say that again, please?

Sure.

SHORT RALLY

☐ **A:** これは3階の広報のサム・リーさん宛てなのですが。
This is for Sam Lee in PR on the 3rd floor.

☐ **B:** （今おっしゃったことを）もう一度お願いできますか。
Would you say that again, please?

☐ **A:** はい。これをサム・リーさんにお願いします。
Sure. This is for Sam Lee.
リーさんは広報部です。
Mr.Lee's in the PR department.
3階です。
It's on the 3rd floor.

☐ **B:** わかりました。それからPNXのベン・ビクスさんから電話がありました。
OK. And, you got a telephone call from Ben Vicks at PNX.

☐ **A:** もう一度お願いできますか。
Would you say that again, please?

POINT リスニングをレベルアップさせる秘訣は 歩み寄ってもらうこと

ビジネスや日常会話場面で100パーセント聞き取る義務はない。でも、わからない時はすぐに聞き返そう。ちょっと聞き逃した時は瞬間的に Sorry?（*p.* 16参照）。そして、重要な情報や少し長めの話を聞いた後、念のために相手にもう一度繰り返してもらいたい時は、Would you say that again, please?。この that は「今おっしゃったこと」を指す。多くの語彙を暗記するよりも、このスキルを身につけた方が、絶対、コミュニケーション力はアップする。下の EXPAND で、that の応用法も練習してみよう。

 Please don't! 聞き返す時に **Once more, please.** は NG

「もう一度お願いします」という言葉は実際とてもよく使われている。こんな時、Once more, please. は、不自然で失礼に当たることが多い。「言っていただけますか」とお願いする場合は、Would you say . . . ? で文を始めよう。

 発音は? Would you say that again? の覚え方は「ウルセインダagain」。発音は「ウヂュ**セ**イザッ**ア ゲ**ン?」。

EXPAND ▶ Would you . . . ?の会話術

□ **1.**（今おっしゃったことを）もう少しゆっくりお願いできますか。
Would you say that more slowly?

□ **2.** もう少し簡単にお願いできますか。
Would you say that more simply?

□ **3.** ここに書いていただけますか。
Would you write that here?

□ **4.** 私にメールで送っていただけますか。
Would you send that to me by e-mail?

□ **5.** すみませんが、もう一度だけお願いできますか。
I'm sorry, but would you say that one last time?

6 Just a moment, please.

少々お待ちください。

Just a moment, please.

006 SHORT RALLY

☐ **A:** はい、マーケティング部のサムですが。
Hello? Marketing. This is Sam.
（携帯電話が鳴る）少々お待ちください。もしもし？
(Sam's cell phone rings) Just a moment, please. Hello?

☐ **B:** サムさん、どうも。ロジャーです。ジェイさんのアドレスをご存じですか？
Hi, Sam. This is Roger. Do you have Jay's address?

☐ **A:** ジェイさんのアドレスですね……ちょっとお待ちください。
Jay's address . . . Just a moment, please.

☐ **C:** サムさん、ここにサインをお願いできますか。
Sam. May I have your signature* here?

☐ **A:** 少々お待ちください。
Just a moment, please.

＊サインより signature を。「サイン、プリーズ」はだめ（*p.* 23参照）。

POINT どんな相手にでも、どんな場面でも、
「待ってください」はこの一言で

待ってほしい時には、Just a moment, please. が最も万能。対面でも
電話ででもOK。電話口では、Hold on. とも言えるが、類似表現に頭を
悩ませることは会話の足を引っ張るだけ。Just a moment, please?
は、Have a seat.（*p.* 18）と同様、省略形が一般的になったもの。フ
ルセンテンスで言うとWould you wait just a moment, please? だ
けど、とても頻繁に使われるため、Just a moment, please. と略され
ることが習慣になっている。momentの代わりにsecond を使っても
いいが、これは親しい間柄の相手に対して使う表現。

Please don't! Wait!は「待て！」。
大人同士のコミュニケーションではもっと丁寧に

「待って！」の意でWait! を使うのは、「お座りください」をSit down.
と言ってしまうのと同様に無礼。使わないように。

発音は？ Just a moment の部分は「ジャサ**モ**ウメン」のように語
尾の t をはっきり「ト」と発音しないこと。

EXPAND ▶ 主語を省略した例外的な慣用表現

☐ **1.** ■何か手渡す時に　はい、どうぞ。
　Here you are.

....

☐ **2.** ■同時に何か言ってしまった時に　どうぞ。
　Go ahead.
　➡ 「どうぞどうぞ、…してください」は、［Go ahead and＋動詞.］で

....

☐ **3.** ■「英語できますか」と聞かれて　ええ、少しなら。
　Just a little.
　➡ 「英語が話せるか」と聞かれたら、うまくなくてもあっさりNo. とは言わない方がいい

....

☐ **4.** ■エレベーターの奥から降りる時に　通らせてください。
　Excuse me.

....

☐ **5.** ■ほんの少し待たせた時に　どうもお待たせしました。
　Thank you for waiting.
　➡ かなり待たせてしまった時には、お詫びの形を使う（*p.* 47の2参照）

....

7 I'm sorry, but . . .

申し訳ありませんが、……

> I'm sorry, but we're out right now.

007 SHORT RALLY

- ☐ **A:** トナーをもらえますか。
  May I have some toner?
- ☐ **B:** 申し訳ありませんが、ただ今、切らしています。
  I'm sorry, but we're out right now.
- ☐ **A:** いつ入りますか。
  When will we have it?
- ☐ **B:** わかりかねます。
  I'm not sure.
- ☐ **A:** 入ったら声を掛けてくれますか。
  Would you call me when we get some more?
- ☐ **B:** わかりました。申し訳ありません。
  Sure.* I'm sorry about that.

＊Sure. は、「はい、もちろん」といったニュアンスで、単にYes. と答えるより、自分の熱意を
伝えられる。決して無礼ではなく、むしろ丁寧なレスポンス。

POINT 世界共通の、ポピュラーで礼儀あるお詫びの表現

心配からか単に批判屋なのか、「日本人は謝りすぎ」と言う人もかなり増えているが、謝罪はコミュニケーションに不可欠。整理しよう。誠実に謝りたい時はI'm sorry about that.（p. 48参照）。親切に対するお礼としての「すみません」は、I'm sorry. ではなくThanks. ／Thank you. ／I appreciate it.。相手のリクエストに応じられない時の「申し訳ありませんが……です」は、I'm sorry, but . . .。これは謝罪ではなく礼儀として言う「残念ですが」。

 Please don't! 表現マニアにならないで。口頭での運用力を伸ばそう

残念なことに、日本製の「ビジネス英語」は、世界から見ると、単に「小難しい英語」であることも多い。「ただ今、品切れです」はThe item you'd like is out of stock at this point in time. のようなもってまわった表現より、十分丁寧な表現であるWe're out (of it). ／We don't have it right now. の方が、端的にメッセージを伝えられる分、「時は金なり」のビジネス・コミュニケーションには有効だ。

EXPAND ▶ I'm sorry, but . . .

☐ **1.** 申し訳ありませんが、今ちょうど手が離せないのです。

I'm sorry, but I'm busy right now.
➡ right now は、「今の時点では」の意なので、ソフトになる

☐ **2.** 申し訳ありませんが、ただ今、キンは会議中です。

I'm sorry, but Mr. Kin's in a meeting right now.

☐ **3.** 申し訳ありませんが、私どもはお受けできません。

I'm sorry, but we can't accept.

☐ **4.** 申し訳ありませんが、もう少しお時間をいただきたいのです。

I'm sorry, but we'd like more time.

☐ **5.** 申し訳ありませんが、それほど予算がないものですから。

I'm sorry, but we don't really have a big budget.

8 I'm not sure.
それはちょっと、わかりかねますが。

Do you have flyers in French?

I'm not sure.

SHORT RALLY

☐ **A:** フランス語版のチラシもありますか。
Do you have flyers in French?

☐ **B:** 申し訳ありませんが、ちょっとわかりかねます。
I'm sorry, but I'm not sure.

☐ **A:** 貴社はアフリカにディーラーを持つ予定はありますか。
Will you have dealers in Africa?

☐ **B:** 今はちょっとわかりかねます。
I'm not sure yet.
（調べてから）メールで回答を送らせていただきましょうか。
Why don't I send you the answer by e-mail?

☐ **A:** それはありがたいです。こちらが私の名刺です。
That sounds great. Here's my card.

First
contact

Light
contact

Regular
contact

Heavy
contact

POINT　I'm not sure.の２つの活用法

I'm not sure ... は、「確実ではないのですが……」と「わかりかねます」という意味合い。応用しやすい形は、[I'm not sure＋疑問詞（when／how much／what time）.] で、さらに上級の応用が、[I'm not sure if S＋V.]。例えば、I'm not sure if we can. なら、「弊社にできるかどうか定かではありませんが」の意。また、I'm not sure if I understand. は、相手の補足説明を引き出すのに有効なフレーズ。

Please don't!　I don't know. はぶっきらぼうで失礼な言い方

I don't know. は「自分には関係ない」「わかんない」といった投げやりな印象を与えることが多い。I have no idea. もジョークっぽく「さあ？」と言う時に使うことはあるが、基本的にはやはり投げやりな表現だ。「わかりません」と丁寧に言いたいなら、I'm not sure.。ただし、これも使いすぎは禁物。知っている限りの情報を伝えたり、積極的に調べたりしよう。例えば、I'm not sure when. だけでなく、But I think it's tomorrow.（が、明日かもしれません）と可能性を伝えるといい。

EXPAND ▶ I'm not sure . . .

□ **1.** 時期についてはわかりかねます。
　 I'm not sure when.

□ **2.** 理由についてはわかりかねます。
　 I'm not sure why.

□ **3.** やり方はちょっと定かではありませんが。
　 I'm not sure how.

□ **4.** 今はちょっとわかりかねます。
　 I'm not sure yet.

□ **5.** 正しく理解しているか自信がありません。
　 I'm not sure if I understand.

9 It's crowded, isn't it?

混んでますねぇ。

It's crowded, isn't it?

Yeah.

SHORT RALLY

☐ **A:** 混んでますねぇ。
   It's crowded, isn't it?

☐ **B:** ええ。ラッシュアワーはいやですね。
   Yeah. I hate rush hour.

☐ **A:** 本当に。この路線によく乗っていらっしゃるの？
   Me too. Do you use this line often?

☐ **B:** いいえ、今日が初めてです。あなたは？
   No. This is my first time. How about you?

☐ **A:** 私は毎朝この路線を使っています。
   I use it every morning.
   ところで、私はサリーっていいます。（握手）
   By the way, I'm Sally. *(handshake)*

☐ **B:** どうも、私はタバサです。
   Hi. I'm Tabatha.

POINT 会話の糸口はこれでつかむのがベスト

don't you? ／ do you? や haven't you? ／ have you? で悩む必要はない。付加疑問は試験には出るが、コミュニケーションに不可欠ではない。でも、[It's . . . , isn't it?] だけは覚えておくと会話のきっかけ作りにとても役に立つ。その他、ビジネスシーンなどで、「…ですよね？」と確認する場合は、付加疑問文でなく、[. . . , right?] でいい（*p.* 192参照）。

 Please don't! きっかけ作りに **Where are you from?** は NG

自分から積極的に話しかけるビジネスパーソンになろう。そうすることで素早く関係が築ける。ただし、会話の糸口には、ご法度なものもあれば、感じのいいものもあることに注意しよう。この場合、Where are you from? はタブー。国際的な展示会の参加者や、明らかに旅行者とわかる人が相手なら、構わない場合もあるかもしれない。でも、旅装しているわけでもないのに、容貌の違いだけで「どこから来たの？」はやめよう。年齢や家族構成もきっかけがない限り聞かない。初対面の第一声は、個人情報でなく、天気など周りの状況を話題にするといい。

EXPAND ▶ It's . . . , isn't it?

☐ **1.** いい天気ですね。

It's a nice day, isn't it?
➡ 「いい天気」に fine はあまり使わない

☐ **2.** ここは涼しくて気持ちがいいですね。

It's nice and cool here, isn't it?
➡ nice and . . . で「…で気持ちがいい」。nice and warm（暖かくて気持ちがいい）など

☐ **3.** すごく寒いですね。

It's freezing, isn't it?
➡ 「ひどい天気」は terrible ／ lousy weather

☐ **4.** 長い列ですね。

It's a long line, isn't it?

☐ **5.** 早いですね。

It's early, isn't it?

33

10 See you again sometime.
では、また、いつか。

See you again sometime.

🔊 **010** SHORT RALLY

(9からの続き。別れ際の場面)
(Continued from 9)

☐ **A:** ここが私の下車駅ですので。
   This is my stop.

☐ **B:** 私もここです。偶然ですね？
   This is my stop, too. Coincidence, isn't it? *

☐ **A:** 本当に。サリーさんでしたよね。
   Yeah . . . You're Sally, right?

☐ **B:** そうです。タバサさんですよね？
   Right. And you're Tabatha, right?

☐ **A:** ええ。じゃ、またいつか。
   Right . . . See you again sometime.

☐ **B:** じゃ、またお会いできたら。
   See you again sometime.

＊ 先頭の It's a を省略するのは、慣習的な表現の特徴で、フレンドリーさや温かみを感じさせる
工夫。*p.* 33の表現は It's をとっても使える。もちろん It's (a) をつけて言ってもOK。

大人は大人らしく、丁寧に別れ際の挨拶を

「お先に失礼します」「ではまた」「お疲れさまでした」など、ビジネスシーンにはいろいろな日本語表現のバリエーションがあるけれど、これを直訳しようと頭を悩ます必要はない。これらは、どれも [See you ＋時間を表す言葉] の表現で言い表すことができる。[See you] の後に時間などを表す言葉をつけることがポイント。次にいつ会うかわからなくても、挨拶は大切。また会う確率が低いなら See you again sometime.、知り合いなら See you later. で。

 別れ際の See you. は大人同士では失礼なことも

実際、別れ際に See you. だけを言っている学習者は多い。でも、これは、未完成なセンテンスだし、失礼に当たる場合もある。日本語で言うなら、「じゃ」「じゃーねー」みたいなもの。ベストな形ではない。どんな場合も、[See you ＋時間または場所を表す言葉] がベスト。

 See you . . . は、「シーユー」でなく、「スィーヤ」。「ではまた」See you later. は「スィーヤレイタ」に近い。

EXPAND ▶ See you . . . ［時間を表す言葉］

□ **1.** では、また。

See you later.
➡ 後で会う予定がなくてもこのように言う

□ **2.** ■自然に話を終わらせたい時に　ではちょっと失礼します。

Talk to you later.
➡ 電話の場合もよく使う

□ **3.** 「お先に失礼します」→「お疲れさまでした」

"See you tomorrow." → "See you tomorrow."
➡ 金曜日の終業時なら See you Monday.

□ **4.** では木曜日の仕事の後に、また。

See you Thursday after work.
➡ 文末の after work/Thursday の順番は自由。気にしないで発話して

□ **5.** ■See you . . . と言われたら　では、その時に。

See you then.
➡ または、相手の言った See you . . . をオウム返ししてもいい

お仕事は何ですか？

▼ ▼ ▼

What do you do?

悪い例

▼

I'm a salaryman.

賢 ●保険会社　営業

I'm an office worker.

真理 ●印刷会社　一般事務

I'm an employee of Maruichi company.

聡 ●IT企業　営業

Ahh . . .

清美 ●製造業　経理部長

自分の仕事を英語でグローバルに伝えよう

初対面でのスモールトークで「お仕事は何をしていらっしゃいますか」と
聞き合うことは意外と多い。これは、What do you do?と言うのが最も
自然な言い方。What's your job?は唐突で失礼な言い方だから、使わな
いように。また、What do you do?に対する答えとしては、所属する会
社や自分の役職名より、自分が毎日している仕事内容を伝えることがポイ
ント。ベストな答えを用意して暗記しておくのがお勧め。

ここに注意！！

salarymanは、和製英語。辞書にsalaried workerはあるが、これも国際的に通じに
くい。が、ここでは、和製英語かどうかの問題以前に、「サラリー＝給料」というメッセ
ージ自体が問題。つまり、初対面の相手に自分の報酬形態は関係ないので、伝えるべき
ことではない。What do you do?と尋ねられた時の理想的な答えは、相手に、自分の
働く姿や仕事内容をイメージできるように説明すること。次ページの模範例を参照。

ここに注意！！

office workerは和製英語ではないが、自分の仕事を伝えるのにはやや不適切。OLや
office ladyも同様。通じさせるには、まず「一般事務」の直訳をやめること。漢字熟
語を英語にそのまま置き換えようとしないで、センテンスで説明することが大事。「一般
事務です」ではなく、「私は事務の仕事をしています」の方がずっとまし。「管理職」や
「部長」もこの質問の答えにはならないから注意。

ここに注意！！

Where do you work?「お勤めは？」とWhat do you do?「お仕事は？」の違い
は英語では大きい。一般的にはWhat do you do?と仕事の内容について聞かれること
が多い。これに対しては、会社の形態や業績などの話をするより、自分が何をしている
か話すことが重要。「営業1課」と言っても、そこで何をしているか説明しない限り意味
がないから、固有名詞はなるべく使わないで、内容を平たくわかりやすく説明しよう。

ここに注意！！

英語では口数の多いことはtalkativeやfriendlyとホメ言葉で評される。一つの質問に
答えるのに異常に長い時間をかけてたったの一言しか言えないようでは、やはりヒンシ
ュクを買ってしまう。世界の人たちとの英語でのコミュニケーションを成功させるコツ
は、口数をなるべく増やすこと。自分の母語でないからこそ、通じさせるために数多く
言う作戦を。

15 sec. 口慣らし練習として、以下の各サンプルをそれぞれ指定の
秒数で言えるように繰り返しトライしてみましょう。

101

お仕事は何ですか？

▼　▼　▼

What do you do?

模範例

▼

私は保険会社で保険の販売をしています。たいていは生命保険です。顧客と話すことも時々ありますが、たいていは毎日書類を扱っています。ペーパーワークは嫌いなんですが。

> I work at an insurance company. I sell insurance. Usually, I sell life insurance. I talk to customers sometimes. And I do a lot of paperwork every day. I hate paperwork.

私は印刷会社で事務の仕事をしています。アシスタントのような仕事です。特に何か専門があるわけではありません。たいていは、ペーパーワークやファイリングをします。システムの電子化を進めてはいるんですが。

> I do office work for a printing company. I'm like an office assistant. I don't specialize in one area. Usually, I do paperwork or filing. We're trying to digitalize our system, though.

小さなIT企業に勤務しています。ネットの広告を売っています。営業スタッフの監督をしています。それから、オフィス・マネジャーのようなこともしており、オフィスの設備管理や人事管理をしています。

> I work at a small IT company. We specialize in advertising on the Internet. I supervise the sales staff. And I'm like the office manager. So I take care of the office equipment and personnel as well.

私は、経理部の管理職です。部署には15人のスタッフがいて、彼らのそれぞれの仕事の面倒をみています。弊社は飛行機を製造しているので、常に銀行から多額の融資を受けたり返済したりしなければいけません。

> I manage my company's accounting department. I have 15 people in my department, so I help them with their projects. Our company makes airplanes, so we always need to borrow and repay a lot of money.

Power Words & Phrases 20

11〜30

たまに会うような人と
いいrelationshipを築いていくために

値段を尋ねる時、**How much?** はNG。
大人の会話では何て言う？

May I ask how much this is?

おいくらかお伺いしてよろしいですか。

May I ask how much this is?

011 SHORT RALLY

□ **A:** 今日は貴重なお時間をいただき、どうもありがとうございます。
Thank you so much for your time today.

□ **B:** いえいえ。こちらが貴社の新製品ですね？
Sure. So, this is your latest product?

□ **A:** ええ。ロボット兼掃除機兼テレビです。
Yeah. It's a robot, a vacuum cleaner, and a TV.

□ **B:** 価格をお伺いしてもよろしいですか。
May I ask how much this is?

□ **A:** もちろんです。7999ドルです。
Sure. It's 7,999 dollars.

□ **B:** 何ておっしゃいました？
Sorry?

□ **A:** 7999ドルです。
7,999 dollars.

POINT — 切り出しにくい話は、このフレーズで

少々長く、また文法的にも少し難しく見える表現だけど、「質問上手」になるために頑張って言ってみよう。構文は、[May I ask how much 主語＋動詞?]。この構文をとっさに思い出しにくい場合には、May I ask . . . How much is this?（お尋ねしてもいいですか——おいくらでしょうか）のように2文に分けるか、About how much is this?（だいたいおいくら？）と言ってもOK。これでも十分、丁寧な表現になる。

Please don't! — あっさり How much? は避けよう

「いくら？」と「おいくらですか」は大違い。日本語でだって、大人同士の会話やよく知らない人に向かって、「いくら？」とぶしつけに聞くことはしないよね。英語でも How much? はだめ。ぶしつけな感じになってしまう。About how much is this? か「おいくらですか」に当たる May I ask how much this is? がベスト。価格だけでなく、金銭に関することでも、相手の会社の立ち入った事情などをどうしても聞かないといけない時は、May I ask から文を始めて。簡単に会話をレベルアップできるパワーフレーズだ。

EXPAND ▶ May I ask how much . . . is?

□ **1.** 今おっしゃったものがおいくらか、お伺いしてよろしいですか。
May I ask how much that is?
➡ 「今言ったこと」を指して言う場合の代名詞は that

□ **2.** 貴社のご予算をお伺いしてもよろしいですか。
May I ask how much is in your budget?

□ **3.** お尋ねしてもよろしいでしょうか——税金分はおいくらですか。
May I ask . . . How much is tax?
➡ このように May I ask . . . と間をおいて言葉を続ける裏技は POINT 参照

□ **4.** お尋ねしてもよろしいでしょうか——あなたのPCはおいくらでしたか。
May I ask . . . How much was your PC?

□ **5.** 現在、彼の給与はいくらくらいですか。
May I ask how much he makes now?
➡ 人事の給与設定の場面

I'll do my best.
頑張ってみます。

> May I have it by Friday?

> I'll do my best.

012 SHORT RALLY

☐ **A:** これ、どうぞ。金曜日までにやっておいてもらえるかな？
Here you are. And may I have it by Friday?

☐ **B:** 金曜日ですか？　明後日ですよね。
Friday?! That's the day after tomorrow, right?

☐ **A:** 急で申し訳ないんだが。
I'm sorry it's so sudden.

☐ **B:** わかりました。頑張ってみます。
Well, I'll do my best. *

☐ **A:** どうもありがとう。
Thank you so much!

☐ **B:** (心の声) 次は断るぞ。
(Inner voice) I'm going to say "No" next time.

＊言いにくいことがある／あまり納得がいかない時などは、即答せずにWell, . . . で間を置くと
気持ちが伝わる。相手によるけど:)

POINT できるかどうかわからない時、
これを言えばサービスがいい感じに

First
contact

Light
contact

Regular
contact

Heavy
contact

I'll do my best. (頑張ってみます) はとても便利な表現。「100パーセントできます」と言えない時や、「それはできかねます」と、言い切りたくない時にぴったり。社内の人にもお客さん相手にも使える。

 Please don't! 「いやあ、できるかな」をうまく表現しよう

何か頼まれた時、安請け合いしたくなくて「いや、できるかわかりません」と言いたくなることはある。でも相手に「頼りない」「頑張ってくれない」と感じさせたくはないよね。そういう時にお勧めの返事は、I'm not sure if I can, but I'll try.。自分の積極性を示したい場合は、I'll do my best. がいい。「いい仕事のパートナー」「サービスがいい」と感じさせる。本当にできない、断りたい時は、It's difficult. (難しいです) ではなく、I'm sorry, but we can't. とはっきり伝えること。

発音は? I will はいつも短縮形 I'll で。コンパクトに「ア」。続く動詞もくっつけて I'll do =「アドゥ」、I'll get =「アゲッ」。

EXPAND ▶ I'll do . . .

☐ **1.** お約束はできませんが、頑張ってみます。
I can't promise, but I'll do my best.

☐ **2.** 弊社も全力を尽くします。
We'll do our best.
➡ 会社を代表して言う時は、I'll ではなく We'll

☐ **3.** 今すぐやります。
I'll do it right now.
➡ やりそびれてしまったことをお詫びした後に、このフレーズを

☐ **4.** あとは私がやります。
I'll do the rest.

☐ **5.** ■（逆に相手に）頑張ってください。
Good luck.
➡ Hang in there. や Cheer up. はやや偉そうな言い方。避けよう

13 There's a problem with . . .

…に問題があるようです／…の調子が悪いです

There's a problem with your web page.

Really?

013 SHORT RALLY

☐ **A:** もしもし、もしもし？ （雑音）この電話、おかしいみたいですね。
Hello? Hello? *(noise)* There's a problem with this phone.
少々お待ちください。……もしもし？
Just a moment please . . . Hello?

☐ **B:** メアリーさん、トム・ブレイドリーです。聞こえますか。
Mary, this is Tom Bradley. Can you hear me?

☐ **A:** どうも、トムさん。ごめんなさい。今は聞こえます。
Hi, Tom. Sorry about that. I can hear you now.

☐ **B:** ならよかった。こちらも聞こえていますよ。
Good. I can hear you, too.
メアリーさん、そちらのウェブページで障害が起きているようですよ。
Mary, there's a problem with your web page.

☐ **A:** 本当ですか。すぐに確認します。どうもありがとうございます。
Really? I'll check it right away. Thanks so much.

POINT ビジネス上の問題解決に、応用ナンバーワン・フレーズ

問題解決のテクニックはこれ。まず、素早くどこに問題があるかをこのフレーズで言うこと。[There's a problem with . . .] を言えば、意外と早く解決の糸口がつかめるはず。初めから問題の内容や原因を説明しようとすると、問題の所在がわからなくなる可能性が大。この表現は「…は間違っている」「…がおかしいみたい」などにも広く使える。

Please don't! 問題点の指摘は、「ストレート」より「ソフト」に

英語はストレートに物を言う言語と思われがちだけど、ソフトに言った方がいい時が多い。そこでこの表現。主語が You でなく There であることによって、責任を追及するのでなく、問題について客観的に述べている。例えば、You made a mistake with my bill.（あなたは私の伝票で間違いをおかしましたね）と言うよりは、There's a problem with my bill.（伝票にちょっと問題がありますよ）の方が角が立たないし、英語自体もシンプル。もう一つ大事な点は、長い文にすればビジネス英語になるわけじゃない、ということ。ビジネス英会話は素早くわかりやすく伝えることがポイント。

EXPAND ► There's a problem with . . .

☐ **1.** 発注に不備があるようですが。
There's a problem with the order.

☐ **2.** 請求書が間違っているようですが。
There's a problem with the invoice.

☐ **3.** 納品スケジュールにちょっと問題がありまして。
There's a problem with the delivery schedule.
➡ 注文する側も受注する側も、どちらでも使える

☐ **4.** アプリがトラブってしまいまして。
There's a problem with the app.

☐ **5.** あなたの報告書にちょっとした問題があるのですが。
There's a small problem with your report.
➡ small problem と言えば、ソフトな印象に

14

I'm sorry to bother you.

お忙しいところ申し訳ありませんが。

I'm sorry to bother you.

SHORT RALLY

（会議室の外からノックの音）
(knock)

☐ **A:** どうぞ。
Come in.

☐ **B:** お邪魔して申し訳ありませんが。
I'm sorry to bother you.

☐ **A:** 大丈夫ですよ。
That's OK.

☐ **B:** 重要なお電話が入っております。トム・ハートさんが2番でお待ちです。
You have an important call. Tom Hart is on line 2.

☐ **A:** わかった。ありがとう。
OK. Thanks.
（電話に出る）もしもし、トムさん。お待たせして申し訳ありませんでした。
(Answering the phone) Hi, Tom. I'm sorry to keep you waiting.

POINT 相手を丁寧にさえぎる時のオールマイティーな表現

I'm sorry to bother you. の素晴らしいところは、話し中・電話中・会議中・食事中など、どのようなことでも何かしている最中の場面で使えること。つまり、「お忙しいところ申し訳ありませんが」のようなニュアンス。直訳すれば「煩わせて（＝お邪魔して）すみませんが」。

 [I'm sorry to ＋動詞.]のビッグ3だけを丸ごとゲット

[I'm sorry ＋ S ＋ V]が基本だけど、「to ＋動詞」ならこの3つ。
　I'm sorry to bother you.（お忙しいところ申し訳ありませんが）
　I'm sorry to hear that.（それはお気の毒に／残念です）
　I'm sorry to keep you waiting.（お待たせしてすみません）
ほかの英会話本にはもっと多くの [I'm sorry to ／for ＋動詞.] の表現が載っているけれど、この3つ以外はややマイナー。使えるレパートリーを徐々に増やすのはいいが、類似表現は頭を悩ませる原因になるだけ。

発音は？ 「アム**サ**リタ**バ**ザユ」。これは、相手に何か知らせる時の言葉だから、その内容に声のトーンや表情を合わせて言おう。

EXPAND ▶ I'm sorry to . . .

□ **1.** ■My neck hurts.（首が痛いです）と言われて　それは大変ですね。
　I'm sorry to hear that.

□ **2.** お待たせして大変申し訳ありません。
　I'm so sorry to keep you waiting.
　➡ 少し待たせただけなら、Thank you (so much) for waiting.

□ **3.** ■Our president passed away.（社長が亡くなりました）と言われて　ご愁傷様です。
　I'm so sorry to hear that.
　➡ pass away は die の婉曲的な言い方。「亡くなる」の意

□ **4.** ■悪い知らせを伝えられた時　私どもも大変遺憾に思っております。
　We're all so sorry to hear that.

□ **5.** 何度も申し訳ありません。
　I'm sorry to keep bothering you.

First contact
Light contact
Regular contact
Heavy contact

15

I'm sorry about that.

申し訳ありません。

I'm sorry about that.

015 **SHORT RALLY**

- [ ] **A:** あら、私の電話です！　申し訳ありません。
  Oh, that's my phone! I'm sorry about that.
  少々お待ちください。
  Just a moment, please.
- [ ] **B:** どうぞ、どうぞ。ごゆっくり。
  Go ahead. * Take your time.
- [ ] **A:** もしもし……申し訳ありませんが、打ち合わせ中でして。
  Hello? . . . I'm sorry, but I'm in a meeting.
  折り返します。……申し訳ありませんでした。
  I'll call you back. . . . Sorry about that.
- [ ] **B:** お気になさらないでください。
  Don't worry about it.
- [ ] **A:** 電源を切っておきます。
  I'll turn it off.

＊Go ahead. は「どうぞ、…してください」と言う時の「どうぞ」。(p. 27参照)

First
contact

Light
contact

Regular
contact

Heavy
contact

POINT 誠実な「申し訳ありません」は、
I'm sorry about that.

Sorry. や I'm sorry. だけだと、「ごめん」といった少し軽い感じになりがち。「ごめんなさい」に当たるのは [I'm sorry about that.]。申し訳なさそうな顔をするのもいいが、それより about that を足すことが、よりスマートかつ誠実なお詫びの表現。ちなみに、この that は、「今おかしたミス」を指す。避けてもらいたいのは、I'm sorry. I'm sorry. とだけ連発すること。

 使い勝手の悪いフレーズをゲットしないで

英会話ではとっさに言えるかどうかが最も重要。覚えにくい、発音しにくい、応用しにくい表現はごみ箱に捨てよう。例えば、[I'm sorry for + -ing.]。まずは最も使いやすい [I'm sorry about that.] をゲットしよう。なお、[I'm sorry to +動詞.] の3つの必修表現は前ユニット (*p.* 47) で身につけよう。

発音は? 「アン**サ**リアバウザッ」。語尾の t を「ト」と発音しないで。強調するなら I'm so sorry about that.「アン**ソ**サリ……」

EXPAND ▶ I'm sorry about . . .

☐ **1.** 大変申し訳ございません。
I'm so sorry about that.
➡ より深い謝罪には、I'm extremely sorry about that.

☐ **2.** ごめんなさい。
Sorry about that.
➡ ちょっとしたミスなら、I'm を省略して言うのがちょうどいい

☐ **3.** ■自分のオフィスを案内して　散らかっていて、すみませんね。
I'm sorry about the mess.

☐ **4.** 先日はいろいろすみませんでした。
I'm sorry about everything the other day.
➡ 「先日はいろいろ…」ってすごく便利！

☐ **5.** 彼はそのことを反省していません。
He isn't sorry about that.

Don't worry about it.

気にしなくていいですよ。

Don't worry about it.

016 SHORT RALLY

- ☐ **A:** ちょっと失礼します……あああっ！　（コーヒーをこぼす）
  Excuse me . . . AHHH! *(Spills the coffee)*
  大変申し訳ありません。
  I'm so sorry about that.
- ☐ **B:** 気にしなくていいですよ。
  Don't worry about it.
- ☐ **A:** 本当に申し訳ありません。
  I'm really sorry about that.
- ☐ **C:** 気にしなくていいですよ。
  Don't worry about it.
- ☐ **A:** ナプキンをどうぞ。
  Here's a napkin.*
- ☐ **BとC:** すみません。
  Thanks.

＊「…をどうぞ」はHere's ...で。物を渡す時の決まりフレーズ。

50

POINT 相手にお詫びをされた時は、このフレーズで

[Don't worry about it.] は、I'm sorry about that. と言われた相手に、「いえ、本当に大丈夫ですよ」と丁寧に伝えたい時の言葉。明るく言うことがポイント。That's OK. も同じ状況で使えるが、これは軽く Sorry. と謝られた時に返す「いいんですよ」。だから、「本当に全然構わないですよ」という意思を伝える時は [Don't worry about it.] で。その後に I have another copy.（もう1部ありますから）などと、「気にしなくていい」理由を付け加えられたら、さらに気持ちがいい。

Please don't! 「ドントウォリー」のみでは使わないで

「気にしないで」を言う時、Don't worry. で止めないこと。場合によって、これは結構きつい一言になる。直訳すると「心配すんなよ」。でも、最後に about it をつけるだけでずっとソフトになる。相手に I'm sorry ... とお詫びをされた場合、反射的に「オッケー、オッケー」と言ってしまいがちだが、大人のレスポンスは、フルフレーズで That's OK. または Don't worry about it.。ちなみに Don't mind. をこのように使うことはできない。

EXPAND ▶ Don't worry about . . .

☐ **1.** 私のことは気にしなくて結構です。
   Don't worry about me.

☐ **2.** ■Don't worry about it. より軽く　そんなこと、いいよ。
   That's OK.

☐ **3.** ここは記入しなくても大丈夫ですよ。
   Don't worry about this part.
   ➡ 書類に記入してもらう時など

☐ **4.** 今は細かいことはよしとしましょうよ。
   Don't worry about the details now.

☐ **5.** あのお客さんのことは気にしなくていいですよ。
   Don't worry about that client.

Please don't.
それは困ります。

17

I'll show this to the president.

Please don't.

SHORT RALLY

☐ **A:** では、これを社長に見せてきます。
OK. I'll show this to the president.

☐ **B:** それは困ります。まだ途中なので。
Please don't. We still need to work on it.

☐ **A:** だけど、明日の会議のために彼の承認が必要なんですよ。
But we need his approval for the meeting tomorrow.

☐ **B:** わかりました。明日、最終版を私が社長に持っていきます。
OK. I'll bring him the final copy tomorrow.

☐ **A:** 絶対に忘れないでくださいね。お客さんは10時にいらっしゃるのですから。
Please don't forget. Our client will be here at 10.
遅れないでくださいよ。
Please don't be late.

☐ **B:** はい。
OK.
(心の声) プレッシャーをかけないでください。
(Inner voice) Please don't put pressure on me.

POINT 相手を制止するのに、**No, no, no!** でなく、
大人なら **Please don't.** で

相手に「そうしないでください」と言いたい時、No, no, no. はきついし、子どもっぽい印象を与えることもあるのでNG。Stop, stop, stop. も同様。この Please don't. を使おう。これなら、相手にしっかり、かつ丁寧に注意を促すことができる。応用としては、[Please don't ＋動詞.]。また、指や手で×マークを作っても通じないし、場合によってはマナー違反になるから注意して。

 「…しないで」と言いっぱなしにしないで

瞬間的にやめてもらいたい時に Please don't. は最も有効かつ丁寧な言い方。さらにその後に「こうすればいいよ」と付け加えるといい。例えば、Please don't use this room. You can use that room.（こちらの部屋は使わないでください。あちらの部屋ならお使いになれますよ）のように代替案をできるだけ示そう。

 please の「ズ」や don't の「ト」は、はっきり発音しないで、「プリー（ズ）**ドウン**」が発音のヒント。

EXPAND ▶ やめてもらいたい時に

□ **1.** それは困ります。申し訳ありませんが。

Please don't. I'm sorry about that.

□ **2.** そこには入らないでください。

Please don't go in there.

➡ go in は enter でもOKだが、句動詞の方が自然で一般的なことが多い

□ **3.** このコンピューターは使わないでください。

Please don't use this computer.

□ **4.** ■口笛を吹いている人に　やめていただけるとありがたいのですが。

I'd really appreciate it if you stopped that.

➡ 口笛を吹く（whistle）という言葉を知らなくても、万能な that でOK

□ **5.** もし何か必要な場合は、遠慮なくお尋ねください。

If you need anything, please don't hesitate to ask.

➡ 「もし…があれば、〜してください」の他のパワーフレーズの例は p. 102参照

18 This is a little . . .

少し…ですね

> This is a little dark.

018 **SHORT RALLY**

☐ **A:** こんにちは、ジョンさん。どうも、またお世話になります。
　Hi, John. It's so nice to see you again.

☐ **B:** ジェーンさん、こちらこそ。
　It's nice to see you, too, Jane.
　こちらがポスターです。気に入っていただけるといいのですが。
　Here's the poster. I hope you like it.

☐ **A:** ……
　. . . . . .

☐ **B:** どうかしました？
　What's the matter?

☐ **A:** そうですね、デザインは良さそうですが、少し暗めですね。
　Well, the design looks good, but this is a little* dark.

☐ **B:** ああ、すみません。修正します。
　Oh, I'm sorry about that. I'll fix it.

＊little の発音のコツ①t を発音しない。「リル」に近い。②前後の言葉と続けて発音すること

54

POINT ソフトに注意点を伝える "a little"

「これ、ちょっと…ですね」のように文句をソフトに伝える場合の表現がこの [This is a little . . . /That's a little . . .]。This is dark.（暗いですね）と言うより、a little をつけることで印象がソフトになり、コミュニケーションを進めやすくなる。一方、Maybe it's dark. は、言っている本人が「dark かどうかわかっていない」ニュアンスになるので、コミュニケーションを混乱させてしまう。maybe の使い方は p. 123参照。

Please don't! 主語と動詞をぬいて Oh, ＋単語！だけはだめ

「大きいですね！」と言いたい時、Oh, big! はだめ。英語の命は主語。That's big! と言おう。「夜11時に待ち合わせ」と言われ、「ちょっと遅いですね」と言う時も Oh, maybe late. でなく、That's a little late. と。決して長文を話す必要はないが、[S＋V] の構造で話すことは大切。自然なだけでなく、通じる確率もぐんと高まる。そして、単語の発音にこだわらないこと。もし発音を磨いていきたいなら、一つ一つの音の正確さにこだわるのでなく、センテンス単位で一気に言えるように。便利なカタカナ表記のヒント。今回は「ダツァレルゥ」。

EXPAND ▶ a little ＋形容詞

☐ **1.** それ、少し高いですね。

That's a little expensive.

☐ **2.** ■「朝7時に会議です」と言われて　それ、少し早いですね。

That's a little early.

☐ **3.** それはちょっと面倒ですね。

That's a little too much trouble.
➡ 「面倒」は a hassle、a pain、trouble

☐ **4.** もしかしたら、ちょっと面倒かもしれませんね。

That might be a little too much trouble.
➡ trouble の意味は「やばい」ではない

☐ **5.** 月曜の予定は少しきついです。

Monday's schedule is a little tight.

19 When will it be ready?
いつできあがりますか。

When will it be ready?

Around December.

SHORT RALLY

□ **A:** ニューモデルに問題が発生しました。
There's a problem with the new model.
遅れが出ました。
We had a delay.

□ **B:** いつ納品されますか。
When will it be ready?

□ **A:** 12月頃ですね。
Around December.

□ **B:** いつ発売になりますか。
When will it be in stores?

□ **A:** 1月です。来年の。
In January, next year.

□ **B:** 何ですって？
What!?*

＊聞き取れなくて聞き返す時に、What? は使わないで (*p.* 17参照)。これは強い反発のみに使う。

POINT　simpleさがビジネス・コミュニケーションの鍵

ビジネスで、「いつ…になりますか」と尋ねることは日常的。だから、[When will it be . . . ?] をマスターしよう。難しい表現よりも、基本表現を身につけて使えるようにした方が得策。また、難しいことはかみくだいて言う方が自分にとっても楽だし、相手にも伝わりやすい。例えば「納品」という単語にこだわって何も言えなくなるよりも、「いつ配達されますか」＝When will it be at＋納品される場所？と言おう。

　会話例の丸暗記はやめよう

この本では、「お手本を丸ごと」たくさん記憶させるのでなく、自由に応用できるとっておきのビジネス表現を集めている。目指しているのはあなたの会話の基礎力の育成。逆に間違った方法は、ある特定の場面での会話のお手本を丸暗記して、いつか話す時に備えるというもの。これでは全く同じ場面にならない限り使えないし、応用も利かない。限られた自分のメモリにインプットするなら、いろいろな場面で活用できるWhen will it be . . .のような表現を。

EXPAND ▶ When will S+V?

□ **1.** いつ直りますか。
　When will it be fixed?

□ **2.** いつアップされるのですか。
　When will it be online?

□ **3.** 倉庫にはいつ届きますか。
　When will it be at our warehouse?
　➡ 「配達日」を明確にしたい時。be は arrive でも OK

□ **4.** いつ時間が取れそうですか。
　When will you be free?

□ **5.** 彼はいつ戻りますか。
　When will he be back?

20 I'd like . . .
…でお願いしたいのですが。

> I'd like a better price.

020 SHORT RALLY

- [ ] **A:** いかがですか。
  What do you think?
- [ ] **B:** そうですね、もう少し価格を検討していただきたいのですが。
  Well, I'd like a better price.
- [ ] **A:** 申し訳ありませんが、これが精一杯です。
  I'm sorry, but this is the best price.
- [ ] **B:** そうですか。では、どうもありがとうございました。
  I see. Thank you so much.*
- [ ] **A:** お待ちください。……
  Just a moment . . .
  わかりました。それでは、これがギリギリの価格です。
  OK. This is the lowest price possible.
- [ ] **B:** それならいけそうです！　それを書面でいただきたいのですが。
  That'll work! I'd like that in writing.

＊Thank you so much. と言って立ち去る動きをすることも、ソフトな断り方の一つ。

POINT 「これがないと困ります」や「…をお願いしたいのです」をソフトに交渉できる表現

強くはっきり丁寧に要求を伝える時は［I'd like ＋もの.］。このニュアンスは、「これがないと困ります」「…をお願いしたいのです」。クレームや交渉等に役立つ表現。ソフトにお願いする時は［May I have . . . ?］「…をいただけますか」（*p. 22*参照）。もちろん、必要以上にたくさんの表現を使い分けようとすることは、英会話の瞬発力の妨げにしかならない。でも、お願いすることは頻繁にあるから、この2つの使い分けは身につけよう。

Please don't! I want . . .はビジネス以前。依頼する時には使わないで

日本語ほどではないが、英語にも丁寧な表現や無礼な表現がある。［I want ＋もの.］は後者の代表格。ビジネスアリーナに持っていってはだめ。子どもが「ほしい！」とだだをこねているような印象を与えてしまう。かといって、難しい長文は不要。I want . . . は、［I'd like . . .］で。よく使う応用パターンは［I'd like to ＋動詞.］。これは丁寧に「…したいのです」の意。I want . . . を使うなら、自分の夢や目標を語る時。例：I want a better job.（もっといい仕事に就きたい）など。

EXPAND ▶ I'd like . . .

☐ **1.** 新しいものをお願いしたいのですが。
   I'd like a new one.
   ➡ ソフトに言うなら、May I have a new one, please?

☐ **2.** ちゃんと契約をしたいのですが。
   I'd like a proper contract.

☐ **3.** できるかぎり上質のものをお願いしたいのですが。
   I'd like the best one available.

☐ **4.** 金曜までにお願いしたいのですが。
   I'd like it by Friday.
   ➡ このように「〜までに」はuntilではなくby

☐ **5.** 弊社はそちらを書面でいただきたいのですが。
   We'd like that in writing.
   ➡ 「弊社は」と言う時にはWe

Is that OK?

それでよろしいですか。

> I have to leave around 3.
> Is that OK?

021 **SHORT RALLY**

☐ **A:** トムさん、ミーティングの再設定をお願いしたいのですが。
Tom, I'd like to re-schedule today's meeting.
よろしいですか。
Is that OK?

☐ **B:** いいですよ。いつならご都合よろしいですか。
Sure. When is good for you?

☐ **A:** 1時45分はいかがですか。
How's 1:45?

☐ **B:** そうですね……4時に約束がありまして。
Well, I have an appointment at 4.
3時頃には出ないといけませんが、それでもよろしいでしょうか。
I have to leave around 3. Is that OK?

☐ **A:** 大丈夫です。
Sure.＊

＊このSure. は Yes. と同義。Sure. の方が快諾しているニュアンスがある。

60

POINT 確認をとりながら進めることが、効率よいコミュニケーションの決め手

自分が今言ったことを相手が受け入れてくれるのかどうかの確認をとるには、[Is that OK?] とthatを主語にして言うことがポイント。SHORT RALLY や EXPAND の例文のように、他のセンテンスと組み合わせて使う。相手に何か希望を伝えたり、オファーしたりする時、「それでよろしいですか」という締めくくりの言葉として、Is that OK? はしょっちゅう使う。個人的にお願いするニュアンスのMay I . . . ?と違い、Is that OK? は業務上それで大丈夫かと尋ねることで客観的にお願いすることができる便利な表現。

 Is it OK? ではなく Is that OK?

「それでよろしいですか」と言いたい時、OK? だけではだめ。英会話の命は、主語。だから、必ずIs that OK? と言おう。この意味で、Is it OK? と言ってしまっている人も多いかもしれないけれど、Is it OK? は、文脈上、不自然。it は「暑いね」や「もう10時だ！」といった主語のない日本語には、It's hot.、It's ten already!のように使えて便利。でも。話の流れを受けて「今、話したこと」を指して言うなら代名詞は必ずthatで。Are you OK? は、人が転んだり調子が悪そうにしている時に言う「大丈夫？」。

EXPAND ▶ 何か伝えた後に、Is that OK?で確認を

□ **1.** 注文の変更をお願いしたいのですが、よろしいでしょうか。
I'd like to change my order. Is that OK?

□ **2.** 5パーセント引きなら可能ですが、それでよろしいですか。
We can give you a 5% discount. Is that OK?

□ **3.** 来週なら時間が取れそうですが、それでよろしいでしょうか。
I have some time next week. Is that OK?

□ **4.** 私どもは7時には到着できると思いますが、それでよろしいですか。
I think we can be there by 7. Is that OK?
➡ 「だめ」と言われたら、When is good for you? と聞き返そう

□ **5.** 初回の振込は来月になりますが、それでよろしいでしょうか。
We'll transfer the first payment next month. Is that OK?

Have you ever heard of . . . ?

…をご存じですか。

> Have you ever heard of "Sun Net" ?

022 **SHORT RALLY**

☐ **A:** 少しお時間ありますか。
Do you have a minute?

☐ **B:** ええ。
Sure.

☐ **A:** 「サンネット」をご存じですか。
Have you ever heard of "Sun Net" ?

☐ **B:** いいえ。
No.

☐ **A:** 大手の流通業者なのですが。
They're a major distributor.
これが会社案内です。
Here's their company profile.
うちはサンネット社と取引すべきだと思います。
I think we should do business with them.

62

First
contact

Light
contact

Regular
contact

Heavy
contact

 POINT コミュニケーションはステップ・バイ・ステップで

世界の人たちと共有している用語はそう多くないはず。だから、固有名詞や専門用語を当たり前のように使うのはやめよう。特に社名や地名などの固有名詞については、まず、「…はご存じですか」と尋ねるステップが必須。この〔Have you ever heard of . . . ?〕という現在完了形の表現で、相手と共通認識があるか確認しよう。

Please don't! 「…をご存じですか」に **Do you know . . . ?** は NG

ビジネスシーンでも日常でも Do you know . . . ? と聞くことはちょっと失礼。これだと「あなたは知ってる?」と「あなた」が強調されてしまい、No. と答えた相手に対し、「へぇ、知らないんだ」というニュアンスを伝えてしまう。一方、〔Have you ever heard of . . . ?〕は「広くは知られていないけれど、ご存じですか」の意。「知らなくても当たり前」という含みがあるので、たとえ相手が No. と答えても、コミュニケーションがスムーズになる。ただし、〔Do you know +人?〕を、「…と面識ある?」の意味で使うのは OK。

EXPAND ▶ Have you ever . . . ?

☐ **1.** 杉並をご存じですか。東京の一部です。

Have you ever heard of Suginami? It's a part of Tokyo.

☐ **2.** ■辞書にあっても世界に通じるかどうか確認 「終身雇用」をご存じですか。

Have you ever heard of "lifetime employment" ?
➡ No. と言われたら、簡単な文章で補足説明しよう

☐ **3.** 漱石をご存じですか。日本の小説家なのですが。

Have you ever heard of Soseki? He's a Japanese writer.
➡ Do you know Soseki? は「漱石と面識ある?」になってしまう :)

☐ **4.** DX 社と取引したことがあったでしょうか。

Have we ever done business with DX?
➡ この質問の前に Have you ever heard of DX? と尋ねる

☐ **5.** 香港支社にいらっしゃったことはありますか。

Have you ever been to our Hong Kong branch?
➡ been の代わりに visited でも OK。日本語に対する英語表現は一つではない

23 ~ is . . . right now.

~はただ今、…しております

023 SHORT RALLY

☐ **A:** キャシー宗さんをお願いできますか。
May I have Cathy So, please?

☐ **B:** すみませんが、キャシーはただ今外出しておりまして。
I'm sorry, but Cathy is out right now.
明日はお休みをいただいております。
And she's off* tomorrow.

☐ **A:** わかりました。
OK.
宗さんのアシスタントの方か上司の方はいらっしゃいますか。
May I have her assistant or her boss?

☐ **B:** あいにく、宗の上司はただ今、接客中でございます。
I'm sorry, but her boss is with someone right now.
アシスタントは別の電話に出ておりまして。
And her assistant is on another line.

＊offは「休んでいる」の意。決してrestではないから注意（*p.* 199参照）。

POINT 電話英会話の必修表現

「だれだれ（〜）はただ今、…でございます」と言う時の英語での語順は、「〜は／…です／ただ今」。時間を表す言葉を文末にすると文にささいなミスがあっても通じる可能性大。応用しやすいのは [〜is . . . right now.]。[. . .] には、out（外出中）、on another line（電話中）、with someone（来客中、打ち合わせ中）などの言葉を入れて。EXPAND で練習して、自分の同僚が今、社内でどうしているか、来客や電話での問い合わせに瞬時に対応できるようになろう。

 Please don't! 「主語抜き」「動詞抜き」にならないように

例文を暗記するだけでなく、電話でもとっさに [〜is . . . right now.] を操れるよう練習してほしい。相手の顔が見えない電話では「ノーノー。え〜と外出中、outside…」のようにあわてて英単語混じりの日本語になってしまいがち。でも、[だれ is どうしてる right now.] をとっさに言えるよう練習すれば、自信をもって電話の応対ができるようになるはず。その他2つの電話での重要表現はMay I have . . . ?とcall back（*p.* 22／*p.* 206参照）。

EXPAND ▶ だれだれは、今、…をしています

☐ **1.** ベスはただ今、別の電話に出ております。

Beth is on another line right now.

➡ Beth はファーストネームだから、Ms. Beth のようには言わない

☐ **2.** フレッドはただ今、出張中でございます。

Fred is on a business trip right now.

☐ **3.** 山田は本日、休みをいただいております。

Mr. Yamada is off today.

➡ 同僚など自分の身内でも、姓には Mr. や Ms. をつけて

☐ **4.** 加藤はただ今、接客中でございます。

Ms. Kato is with someone right now.

➡ 電話はもちろん、Web 会議で誰かの不在について説明する場合にも使える

☐ **5.** アダムズはもう退職しました。

Mr. Adams is not with us anymore.

➡ 「辞めた」quit や「解雇された」was fired よりいい言い方

I'm sending it just in case.

念のため、お送りします。

I'm sending a hard copy just in case.

Jake

DRAFT

024 BUSINESS LETTER

ロンバルディ様
Dear Mr. Lombardi,
ご注文をありがとうございました。ただ今準備しております。
Thank you for your order. We're preparing it now.
2、3週間後に納品の予定です。
It'll arrive in 2 to 3 weeks.
御社の特注チェアのラフデザインを作成しました。
I made a rough design of your custom chair.
弊社ウェブサイトの専用サーバーに公開しました。
I posted it on our Website's private server.
念のため、プリントしたものをお送りします。
I'm sending a hard copy just in case.
もし、問題があるようでしたら、ご連絡ください。
If there are any problems, please let me know.
名刺も念のために同封します。
I'm also sending my card just in case.
ジェイク・ローガン
Jake Logan

First
contact

Light
contact

Regular
contact

Heavy
contact

 POINT 「同封します」「添付します」をカバーできるのが
この表現

face-to-faceの営業スタイルだけの時代と違って、Web会議、メール、コミュニケーションアプリだけでも取引が交わせる今の時代、面識のない人に名刺までいきなり同封するようになったこのグローバル社会ならではの表現。[I'm sending . . .]は、「この手紙に同封しています」の意味で、現在進行形で使う。メールやアプリでも、ファイルなどを添付する時に使える定番の表現。

Please don't! I'mなどは必ず短縮形で

中学校の英語の時間に、「短縮形は丁寧でない口語表現」と習ったかもしれないが、実際は、短縮形がぞんざいな印象を与えるわけではない。I am . . . は I'm . . . と言うのが丁寧だし、ベスト。you are→you're、we are→we're、they are→they're、he is→he's、she is→she's、it will→it'll も同様になるべく短縮形で言う練習をしよう。I AMやWE ARE のように言うのは強調する時。例えばWE ARE working on that.(その件にはきちんと取り組んでおります)。もう一つの例外がThere are。言いやすさと聞き取りやすさから、短縮形のThere'reよりもそのままの形で使う。

EXPAND ▶ I'm sending . . .

☐ **1.** 履歴書を添付いたします。

I'm sending my résumé.

➡ I'm sending . . . は手紙に「同封します」と言う時にも使える

☐ **2.** 私どもの最新の価格表を送らせていただきます。

I'm sending our latest price list.

☐ **3.** 最新版を添付させていただきます。

I'm sending the latest version.

☐ **4.** 控えとして写しをお送りいたします。

I'm sending a copy for your records.

➡ 電子版のコピーでもよく使う

☐ **5.** 原本を送っていただけますか。

Would you send me the original?

This is for . . . .

…にお渡しください／…用です／…宛てです

This is for Mr. Howell.

I'll give it to him.

025 **SHORT RALLY**

☐ **A:** すみません。
Excuse me.
M&A 部を探しているのですが。
I'm looking for the M&A department.

☐ **B:** 申し訳ありませんが、全員外しています。
I'm sorry but everyone's out right now.

☐ **A:** では、これ、ハウエルさん宛てなのですが。
Well, this is for Mr. Howell.

☐ **B:** わかりました。お渡しします。
OK. I'll give it to him.

☐ **A:** どうもありがとうございます。
Thank you so much.

☐ **B:** いえいえ。
Sure.*

＊この場合のSure. はYou're welcome.「いえいえ」のニュアンスで、より感じのいいレスポンス。もう少しフォーマルに言うなら、Don't mention it.やNot at all.。

POINT 「これは…用です」をゲットしよう

ビジネスで使う英語は難しいものと考えないで。「これは…用です」「これは…さん宛てです」は、[This is for . . .] が簡単で自然な定番表現。for の後には人の名前（「…さん宛て」）のほか、さまざまな名詞を置いて「会議（用）」「ファイル（用）」「…専用」などを表せる。肯定文だけでなく、否定文・疑問文の形でも練習して、徹底的に身につけよう。

Please don't! 「…にお渡しください」に pass も hand もいらない！

「渡す」の動詞としては pass や hand があるが、使い分けが難しく応用性が低い。動詞ならいろいろなシチュエーションで迷わず使える give をゲットしよう。でも、最もシンプルなのは This is for . . . と手渡すこと。大切なのは、主語からフルセンテンスで言うこと。つまり、「…宛てです」を「これは…宛てです」と主語を補って発想するようにしよう。

発音は? This is for . . . は「デセスフォ……」のように一気に言うと自然。This は「ジス」にならないように。

EXPAND ▶ This is for . . .

☐ **1.** これは、会議用です。

This is for the meeting.

☐ **2.** これは税関申告用です。

This is for customs.
➡ 「税関申告」は custom clearance、custom declaration などとも言う

☐ **3.** おやめください。これは、缶用ではありません。

Please don't. This is not for cans.

☐ **4.** これは外線電話用です。

This is for calls outside the company.
➡ 反対は「内線用」= This is for calls inside the company.

☐ **5.** これは経理部宛てですか？

Is this for Accounting?

69

How was your weekend?

Good.

026 **SHORT RALLY**

☐ **A:** ボブさん、どうも。週末はいかがでした？
Hi Bob. How was your weekend?

☐ **B:** ええ。家でのんびりしました。いかがでした？
Good. I relaxed* at home. How was your weekend?

☐ **A:** 忙しかったですね。日曜にデトロイトから帰国したので。
Busy. I got back from Detroit on Sunday.
モーターショーに行ったのです。
I went to the Auto Show.

☐ **B:** で、いかがでした？
How was it?

☐ **A:** 面白かったですよ。
Interesting.
新しいソーラーカーがとても気に入りましたね。
I really liked the new solar-powered cars.

＊relax はこのように動詞で使うことが多い。「家でのんびりした」には、stay home よりわか
りやすい。

POINT フリートークをはずませるのに役立つ表現はこれ

あまり知らない人、つまり Light contact の人にも気軽に話しかけられる２つのフレーズが、１週間の始まりに言う [How was your weekend?]、週の終わりに言う [How was your week?]。このフレーズの良さは、プライベートなこと（どこへ／だれと行ったか等）を尋ねるニュアンスはなく、挨拶がわりの「お元気ですか」とほぼ同義であること。相手がもし具体的に何をしたかを言ったら、How was it? と聞くと会話がはずむ。

 How about . . . ? は話を切り出すときにはNG

「…はどうですか？」は [How is . . . ?]。「…はどうでしたか？」なら [How was . . . ?]。この２つがメジャー。マイナーで使い道が限られているのが、[How about . . . ?]。話を切り出す時に使うのはおかしい。「ランチはどう？」や「飲み物はどう？」は違う表現（p. 96 ／ p. 75 参照）。この表現のベストな使い方は How about you?。「私は…です。あなたは？」のようにセットで使う。例えば、I'm in Sales. How about you?（私は営業部です。あなたは？）。

EXPAND ▶ How was your . . . ?

□ **1.** フライトはいかがでしたか？
How was your flight?
➡ 来日したばかりの相手への定番表現

□ **2.** 会議はどうでした？
How was your meeting?
➡ your の代わりに the でもOK

□ **3.** 休暇はいかがでした？
How was your vacation?

□ **4.** 先月の売上はどうでしたか？
How were our sales last month?
➡ 複数形の主語に合わせて動詞は were。相手（御社）の売上なら our を your に

□ **5.** 背中の調子はいかがですか？
How's your back?
➡ 親しい同僚に家族の様子を尋ねるなら、How's your family?

I have ...

...なんです。／...があります。

How're you doing?

I have a hangover.

SHORT RALLY

☐ **A:** マークさん、こんにちは。
　　Hi, Mark.

☐ **B:** 賢さん、こんにちは。調子はどうですか?
　　Hi, Ken. How're you doing?

☐ **A:** 実は、二日酔いなんです。
　　Actually, I have a hangover.
　　昨晩ドンのパーティーがあって。
　　We had a party for Don last night.
　　で、安いワインをたくさん飲むことになってしまいました。
　　And we had to drink a lot of cheap wine.

☐ **B:** それは、お気の毒に。良くなるといいですね。
　　Sorry to hear that. I hope you feel better.

☐ **A:** ありがとう。今日はたくさん仕事がありますからね。
　　Thanks. I have a lot of work today.

POINT 自分の体調について話すなら **I have . . .**

How're you doing? などと聞かれたら、場をつなぐためにとりあえず Good. And you? と返せば、第一印象はばっちり。でも、Light contact の接触頻度の人に How are you? と聞かれたら、簡単なバリエーションで答えてみよう。この時、「こういうふうに調子が悪い」と、具体的な様子を伝えるのに便利な [I have＋問題.] を活用するといい。健康以外の問題にも [I have . . .] はとっても便利。

 Please don't! **I caught a . . .** は「風邪を引いてしまった」時ぐらいしか使えない

I caught a cold. は限られた使い方。現在形や疑問文ではやや不自然。それよりも、[I have＋病名.] をゲットして自由に応用しよう。「風邪を引いた」「引いている」は I have a cold.、「風邪を引いたの?」は Do you have a cold? がナチュラル。海外出張で急病になった時は英会話どころじゃないかもしれないけれど、どこが痛かろうと、I have a problem here. と言いながら、痛む部分を指差せば OK。「のど」「くるぶし」「二の腕」「かかと」「脇腹」だって全部これで通じるので、安心・安全なテクニック。

EXPAND ▶ I have＋問題.

☐ **1.** 今週は仕事が山積みだ。

I have a ton of work this week.
➡ a ton of . . . は「抱えきれないほどたくさんの…」の意。ton は重さの単位の「トン」

☐ **2.** 何か（病気）にかかったみたいです。

I think I have something.

☐ **3.** セキュリティー上の問題があります。

We have a few security issues.

☐ **4.** 実は私、上司が苦手なんです。

Actually, I have a problem with my boss.
➡ このように言い換えられる。ほかに、I don't get along with . . . もお薦め

☐ **5.** 彼は遅刻魔だ。

He has a problem being on time.

Would you like a tour?

28 見学していかれますか。

> Would you like a tour?

Would you like a tour?

028 SHORT RALLY

☐ **A:** 今日は貴重なお時間をどうもありがとうございました。
Thank you so much for your time today.

☐ **B:** こちらこそ。
It was my pleasure.

☐ **A:** あ、これが私どもの研究所です。
Oh, this is our lab.
見学していかれますか。
Would you like a tour?

☐ **B:** せっかくですが、行かなければなりませんので。
Thank you, but I have to go.

☐ **A:** では、今後ともよろしくお願いいたします。
I look forward to seeing you again.

☐ **B:** こちらこそ、よろしくお願いいたします。
I look forward to seeing you, too.

POINT 来客・部下・上司、だれに対しても使える「もてなし表現」

Would you like ...? は、丁寧に「…はいかがですか」「…なさりたいですか」と言う時の表現。そして、文の作り方は次の2通り。[Would you like＋名詞?] と [Would you like to動詞?]。ものを勧める時によくあるミスは、例えばWould you like to this? のように、Would you like の後にto＋名詞（もの）を続けてしまうこと。名詞の前にto は不要だ。

Please don't! 「どうですか」に適切な英語表現はいろいろ

日本語の「どうですか？」は、だいたい次の5つに分類される。

1. 人・天気・機械の調子や様子などを聞く時
   →How's ／ How was ／ How're ...?
2. 「(もの) はいかが？」→Would you like＋もの?
3. 「どう、…しませんか？」→Why don't we＋動詞?
4. 「どう？」＝「意見や感想は？」→What do you think?
5. 「どう、気に入った？」→How do you like ...?

How about ...? は「どうですか？」の定番表現ではない (p. 71参照)。

EXPAND ▶ Would you like＋もの? ／ Would you like to+V?

☐ **1.** 何かお飲みになりますか。

Would you like something to drink?
➡ または具体的にWould you like＋飲み物 (coffee, tea, water)？

☐ **2.** クリームか砂糖がご入り用でしょうか。

Would you like cream or sugar?
➡ ここでは何か（名詞）がほしいかどうかなので、likeの後にto を入れないように

☐ **3.** 私のメールアドレスはご入り用ですか。

Would you like my e-mail address?
➡ Do you need ...? でも正解（2、4も同様）

☐ **4.** 休憩しましょうか。

Would you like a break?
➡ Would you like to take a break? でも同じ意味

☐ **5.** 電車とタクシー、どちらで行きましょうか。

Would you like to go by train or taxi?
➡ ここでのWould you like to はShould we やShall we とも置き換え可能

It's so nice to see you again.

またお世話になります。／お久しぶりです。

It's so nice to see you again.

It's so nice to see you, too.

029 SHORT RALLY

- **A:** どうも、どうも、またお世話になります。
  It's so nice to see you again.
- **B:** こちらこそ、よろしくお願いします。
  It's so nice to see you, too.
- **A:** 最後にお会いしたのはいつでしたっけ？
  When did we meet last?
- **B:** 5年前くらいでしたよね。
  About five years ago.
- **A:** そうでしたか？　5年ぶりですか？
  Really? It's been five years?!
- **B:** 時間が経つのは早いですよね。
  Time flies.

First
contact

Light
contact

Regular
contact

Heavy
contact

 POINT 感じよく相手を迎えるには **It's so nice . . .**

相手とうまく付き合っていくための最初のステップは、感じ良くきちんと出迎えること。すでによく知っている Nice to meet you. の先頭に It's so . . . をつけるだけで、丁寧に心からの最高の歓待の気持ちを表せる。また、別れ際にきちんと挨拶するには、It **was** so nice meeting you. と過去形にするだけ。2回目以降に会う時には **It's** so nice to see you again.、別れ際には It was so nice **seeing** you again. と言えば好印象に。立ち話や電話を感じ良く終わりにしたい時は、It was so nice **talking** to you.。これは「では失礼します」のような便利な表現。

 Please don't! 初対面でない人には **Nice to meet you.** は使わないで

2回目以降に会う時には、必ず、meet の代わりに see を使うこと。It's nice to meet you. や Nice to meet you. は、初対面の相手にだけ使う。

 発音は? 「イッ**ソ**ウナイストゥ**スィ**ーユアゲン」と感じ良く言おう。so のアクセントが強ければ強いほど感じがいい。

EXPAND ▶ 久しぶりに会った人に……

□ **1.** ■親しい人だけに　久しぶり。
Long time no see.
➡ それほど親しくもない相手には、左ページの It's so nice to see you again. がいい

□ **2.** お元気でしたか。
How have you been?

□ **3.** ■3年ぶりに会う人に　もう3年くらいになりますね。
It's been about three years.

□ **4.** ご無沙汰して、すみません。
I'm sorry I haven't kept in touch.

□ **5.** それでは、どうも失礼いたします。
It was so nice talking to you.
➡ 初対面の人に別れ際に言うなら、talking の代わりに meeting を

30 Thank you so much for your time today.

今日は貴重なお時間をありがとうございました。

Thank you so much for your time today.

((►)) 030 **SHORT RALLY**

☐ **A:** 今日は貴重なお時間をどうもありがとうございました。
Thank you so much for your time today.

☐ **B:** こちらこそ。
It was my pleasure.
プレゼンをどうもありがとうございました。
Thank you so much for your presentation.

☐ **A:** いえ、どういたしまして。
Don't mention it.

☐ **B:** それでは失礼いたします。
It was so nice meeting you.＊

☐ **A:** 失礼いたします。
It was nice meeting you, too.

＊初対面の人との別れ際には、It was nice meeting you. やIt was nice to meet you. のように、文頭にIt was をつけると丁寧になる（p. 77参照）。

First
contact

Light
contact

Regular
contact

Heavy
contact

POINT Thank you.の応用はこう利かせて

Thank you.の後には、very muchよりso muchがお薦め。soの方が絶対、発音しやすいし、一気にフレーズを丸ごと言えるから。なるべく最後にフレーズを付け加えて、何に対する御礼なのかを言おう。文型は、[Thank you so much for＋名詞.]。forの後、yourと動詞のing形を一緒に言うのは間違い。正しい形はfor your time（名詞）や、for coming（yourなしで動名詞）。

Please don't! 「ビジネス英語＝小難しい英語」の思いこみを捨てよう

ビジネス・コミュニケーションで用いられている言葉は決して「特殊」なものばかりではない。「ビジネス英語」というと、なぜか専門用語や小難しい表現ばかり取り上げられてしまう。例えば"I appreciated having the opportunity to present you our ideas in spite of your busy schedule."（お忙しいスケジュールにもかかわらず、私どもの提案をプレゼンさせていただく機会をいただき感謝します）のような"お勉強"のための文。でも、実際に世界の人たちが話しているのは、"Thank you so much for your time today."のような文だ。

EXPAND ▶ Thank you so much for . . .

☐ **1.** 相談にのってくださって、どうもありがとうございました。

Thank you so much for your advice.

☐ **2.** わかりました……いろいろとどうもありがとうございました。

I see . . . Thank you so much for everything.
➡ 断る時にも使えるフレーズ。また、I see抜きでもよく使う

☐ **3.** いろいろしていただいて、ありがとうございます。

Thank you so much for your excellent service.
➡ 感謝の気持ちは少々オーバーでも、言葉を尽くして

☐ **4.** せっかくのお誘い、感謝します。でも、今日は本当に時間がないのです。

Thank you so much for asking, but I'm really busy today.

☐ **5.** せっかくのお話ですが、今回は見送らせていただきます。

Thank you so much, but we're not interested right now.

昨日は仕事、いかがでした？

▼ ▼ ▼

How was work yesterday?

悪い例

▼

なんでも
直訳タイプ

「得意先に新年のご挨拶に伺いました」
I did New Year Greetings to, eh, for . . . the special customer . . .

紀子 ●証券会社 営業

しゃべる意欲が
低いタイプ

「特別なことは特に何も」
Ah . . . Nothing special.

義和 ●自動車会社 エンジニア

文法恐怖症
タイプ

「ええ、あれを終わらせることができました」
Good. I finished, . . . あれ？ I have finish. . . あれ？ I have finished. . . あれ？ I had . . . あれ？

公子 ●開発 プログラマー

毎日の出来事を話してペラペラをめざそう

英会話に必要なのは、時間制限の中での説明力。語彙の暗記力より簡単な単語を生かす話術や説明力が決め手になる。これらを育てるのに特にお勧めなのが「30秒トーク」の訓練。TOEICテストでハイスコアを取っても、30秒間に全く説明ができず、ただ「あー」「あれ？　なんだっけ？」しか出ない人は非常に多い。友達なら待ってくれても、30秒間に5つ以上の文が言えないと、グローバルなビジネスの場では遅すぎる。

ここに注意！！

一言で言おうとすると通じる確率が減る。かみ砕こう。二言、三言とセンテンスの数を増やせば増やすほど通じる確率は上がる。特に「直訳タイプ」の人には、この通じる法則をぜひわかってもらいたい。かみ砕いて言うことを知らないで、単語、単語に頼っていてはだめ。一度で通じなければ、別の発想で言い換えて通じさせることが世界共通のマナー。これに慣れていないため、例えば「昨日は大発会だった」を直訳でYesterday was, eh, big, start, eh, meeting . . .と言ってしまったりする。このタイプの人は、日本語サイドでの工夫が必要。

ここに注意！！

日本語サイドで無口な人は、英語でも無口になってしまって当然。でも、自分の母語ではない分、世界の人々と意思疎通をするためには、意識的に口数を少しだけ多くした方がいい。それで互いに理解し合えるようになる。母語でない言葉で「たくさん話す」ことは難しく感じられるかもしれないが、逆に少ない言葉で通じさせる方が難しい。この例のように「昨日、仕事はどうだった？」という質問に対して、「特に変わりない」ばかりだと練習にならない。できるだけ、小さなことでも具体的に話すようにしてみて。

ここに注意！！

相手からの助け舟を期待し、言ったことの間違いをすぐ言い直しながら話すタイプ。学校で習ったささいな文法ポイント（前置詞、複数形、動詞の活用、関係代名詞）や言ってはいけないあれこれにこだわるあまり、いざ話そうとすると、小さなことに引っかかって言葉が続かない。テストで正誤問題にばかり取り組んできたため、正しく話せているかが過剰に気になってしまう。そういう英語勉強ベテランは、細かい事柄に気を遣いすぎず、不正解＝言葉が出てこないこと、正解＝30秒で5文以上言えること、という新しい尺度を持とう。

昨日は仕事、いかがでした？

▼　▼　▼

How was work yesterday?

模範例

▼

25 sec.

私たちには特別なお得意さまがいます。昨日はその得意客たちのオフィスに行かないといけませんでした。実際、一日中同じことを言っていました。3つのことです。それは、新年のご挨拶と昨年お世話になった御礼、それから、今年もよろしく。そしておじぎをします。まあ、仕事上の慣習です。

> We have some important customers. I had to go to their offices yesterday. Actually, I said the same thing all day. I said three things: "Happy New Year," "Thank you so much for everything last year." And "We look forward to doing business with you in the New Year." Then I bowed. It's a business tradition.

25 sec.

まあごく普通の一日でした。でも、すごくおもしろい記事を読みました。アメリカの企業ですが、何万もの語学学習番組を提供しているんです。数えきれないほどの講座やわかりやすいテレビ番組や映画があって、会員は月たった5ドルで番組をいつでも見られるんです。私のような語学学習者にはぴったりです。

> It was a normal day. But I read a really interesting article. It was about an American company. They offer tens of thousands of programs for learning languages. There are countless lessons, easy-to-understand TV shows and movies. Members can watch the programs anytime for just $5 a month. It's perfect for language learners like me.

20 sec.

重要な仕事が終わりました。弊社では、コンピューター・プログラムを作っているのです。東京にある病院に向けて、一つのかなり大きなプログラムを開発しました。それを先月テストし、昨日、インストールしたのです。相当に複雑なシステムなので、トラブルがないことを願うばかりです。

> I finished an important job. Our company makes computer programs. We made a really big program for a hospital in Tokyo. We tested it last month. And we installed it yesterday. It's a really complex system. I hope there aren't any problems.

Power Words & Phrases 30

31〜60

いつも会うような人と
互いにrespectしあうために

「…はうまくいってますか？」と相手の様子を気軽に伺う時のフレーズは？

31

How's . . . going?
…はどうですか。／うまくいっていますか。

> ## How's the sales campaign going?

031 **SHORT RALLY**

☐ **A:** サリーさん、どうも。キャンペーンはうまくいっていますか。
Hi, Sally. How's the sales campaign* going?

☐ **B:** 全然。スケジュールがすごく遅れています。
Terrible. We're behind schedule.

☐ **A:** 本当に？　発送の方は順調ですか。
Really?　How's the mailing going?

☐ **B:** そうですね、封筒がまだです。
Well, we don't have the envelopes yet.
でも、今日調達できそうです。
But I think we'll get them today.

☐ **A:** そうですか。ラジオ・コマーシャルはどうですか。
I see.　How are the radio commercials going?

☐ **B:** 順調ですよ。今週オンエアになります。
Good. They're on the air this week.

＊campaign は単独よりも、sales やadvertising などと組み合わせてよく使われる。販売促
進や宣伝活動を指して主に社内で使われる言葉。客の立場ならpromotion やsale と言う。

84

POINT　話しかけるきっかけ作りのフレーズを
レパートリーに加えよう

How're you? に doing をつけるだけでとてもフレンドリーな響きにな
る。ビジネスや具体的なプロジェクトについて聞く時も、How's ＋（案
件）？より、How's ＋（案件）＋ going? の方が気軽で便利。さらにもっ
と気軽に、漠然と「…はどう？」と尋ねる時には、How's everything
going with . . . ? がいい。

 Please don't!　自然な英語とスラングは大違い

挨拶でスラングを使うのは失礼なので要注意。細かいことを言うと、
What's up? は避けよう。これは、「元気？」ではなく、「ちわ〜っす」
のようなニュアンスだから、通用する相手やTPOはごく限定されてい
る。挨拶としての How's it going? も、What's up? ほどではないが、
使うなら親しい同僚や知り合いにとどめよう。一般的に使える挨拶表現
は How're you doing?。重要なのは、相手にこう聞かれた時のレスポン
ス。Good, and you? などと返し、自分の状態については特に詳しく
述べないのがお勧め。

EXPAND ▶ How's . . . going?

☐ **1.** 御社の新しいウェブサイトはうまくいっていますか。
　　How's your new website going?

☐ **2.** 新規株式公開はうまくいっていますか。
　　How's the IPO going?
　　➡ IPO ＝ initial public offering（新規株式公開）の略

☐ **3.** アジアの支店は、うまくいっていますか。
　　How are your branches in Asia going?

☐ **4.** 会社はいろいろと順調ですか。
　　How's everything going with your company?
　　➡ How's everything going with . . . ? で尋ねると、1〜3よりさりげないニュアンス

☐ **5.** 上司とはいろいろうまくいってますか。
　　How's everything going with your boss?
　　➡「上司は元気？」でなく、関係がうまくいっているかどうかを尋ねている

32

Would you ... when you have a chance?
お手すきの時に…していただけますか。

Would you check this
when you have a chance?

Sure.

SHORT RALLY

☐ **A:** お手すきの時にでも、これをチェックしていただけますか。
Would you check this when you have a chance?*

☐ **B:** いいですよ。いつまでがご希望ですか。
Sure.　When would you like it by?

☐ **A:** 6時までに。それでよろしいでしょうか。
By 6. Is that OK?

☐ **B:** わかりました…お手すきの時に、メールでお送りくださいますか。
Yes . . . Would you send it by e-mail when you have a chance?*

☐ **A:** わかりました。
Sure.

☐ **B:** どうもありがとうございます。
Thanks so much.

＊when you have a chance は文末に置くのが基本だが、文頭でもOK。

86

POINT 相手に丁寧に依頼する時のプロフェッショナルな表現

整理しよう。[Would you ＋動詞？] は、「…していただけますか」と相手に何か「行為」を求める時の表現。「もの」を求める時は、[May I have . . . ?]。これらの文に、「お手すきの時に」の意味で、文末か文頭に [when you have a chance] をつけると、丁寧で感じが良くなる。ちなみに、Could you . . . ? は、依頼する時の表現としては、Would you . . . ? と同じだが、Can you . . . ? の過去形としての意味と間違われることもある。例えば、「直していただけますか」はWould you fix it?。Could you fix it? だと、「直せましたか」の意味にもなる。

 お願いする時は、**Can you . . . ?** より **Would you . . . ?** が丁寧

Can you ＋動詞？は依頼表現としてはフレンドリーなので、初対面の相手には適さない。「見せていただけますか」は、Can you show me? でなく、Would you show me? が丁寧。でも、Can you ＋動詞？にも、ビジネスの場でとても便利で適切な使い方がある。それは、「…は可能ですか」と可能性について尋ねる時や、相手の都合を尋ねる時。次ページ参照。

EXPAND ▶ . . . when you have a chance?

☐ **1.** お手すきの時に、1部、送っていただけますか。

Would you send me a copy when you have a chance?
➡ a copy は「1枚の複写」「1冊の本」や「一束の書類」にも使える

☐ **2.** お手すきの時に、Wさんに電話をしていただけますか。

Would you call Mr. W when you have a chance?

☐ **3.** お手すきの時に、これを郵便で送っていただけますか。

Would you mail this when you have a chance?
➡ 「郵便を出す」はpost より mail を動詞として使う

☐ **4.** お手すきの時に…ICM社の電話番号を教えていただけますか。

May I have ICM's number . . . when you have a chance?

☐ **5.** お手すきの時に…この書類にご署名をお願いできますか。

May I have your signature on these papers . . . when you have a chance?

Can you . . . ?

…は可能ですか。

> Can you work this weekend?

033 SHORT RALLY

- [ ] **A:** 今、私のオフィスに来られますか。
  Can you come to my office now?
- [ ] **B:** 少々お待ちください。
  Just a moment, please.
- [ ] **A:** わかりました…では、お手すきの時でけっこうです。
  OK . . . When you have a chance.

- [ ] **B:** お待たせして申し訳ありません。
  I'm sorry to keep you waiting.
- [ ] **A:** 大丈夫です。
  Don't worry about it.
  今週末、出勤は可能ですか。
  Can you work this weekend?
- [ ] **B:** スケジュールを確認してみます。
  I'll check my schedule.

First
contact

Light
contact

Regular
contact

Heavy
contact

 Can you wait?とWould you wait?は違う

場合によって、Would you . . . ? といきなり頼むより、Can you . . . ?
と相手の都合を確認してからの方がよい時もある。例えば、Can you
wait? は「待てますか」と可能かどうかを尋ねる言い方。一方Would
you wait? は「待っていただけますか」と要求を伝える表現。Can
you . . . ? は「…はできますかね?」あるいは「…は可能ですか」。社内
の人に「わが社に…は可能でしょうか?」と言うならCan we . . . ?。

 Can you . . . ?　は能力を尋ねるよりも、
可能性を尋ねるビジネス表現

残念なことに学校英語は生きていない例文を使ってしまうことが多い。
大切な Can you . . . ? の表現も、Can you play the piano? や Can
you ski? など、楽器やスポーツができるかどうか聞くときのフレーズと
して教えられがち。でも実際は、相手の都合を聞く時などによく使う。
よくある間違いは、「ミーティングできますか」の意味で Can you
meeting? と動詞を抜かすこと。これは、英語の発想では、Can you
come to the meeting?。同様に I can't meeting. もだめ。

EXPAND ▶ Can . . . ?

☐ **1.** ■電話口で　お待ちになれますか。
Can you hold?

☐ **2.** まず弊社で試してみることは可能でしょうか。
Can we try it first?

☐ **3.** 彼らに（そのままの）日本語版を提供することは可能ですか。
Can we give them a Japanese version?

☐ **4.** ヒューストン支店でこれに対応することは可能でしょうか。
Can we take care of this at the Houston branch?

☐ **5.** 今日中にこれをかためることができますかね。
Do you think we can finalize this today?

We can't . . .
. . .は禁止です

> We can't buy him presents.

034 SHORT RALLY

☐ **A:** トッド国会議員のことですが、贈り物はできないのです。
About Senator Todd . . . We can't buy him presents.
それに、食事代を出すことも。
And we can't pay for his dinner!

☐ **B:** なぜですか。
Why?

☐ **A:** 違法だからです。
It's illegal.

☐ **B:** ずいぶん、厳しくなってきているんですね。ばかばかしいな。
It's gotten so strict. That's ridiculous.

☐ **A:** その通りですが、ルールを破るわけにはいかないですしね。
I know, but we can't break the rules.
彼に迷惑をかけるわけにはいかないですからね。
We can't get him in trouble.

POINT canをもっと有効活用してペラペラに

canは、I can swim.「私、泳げます」の使い方より、大人同士の会話の中でもっと重要な機能を果たしている。[Can you＋動詞?] は、都合を聞いたり何かが「可能」かどうかを確認したりする時にも役立つ (p. 88参照)。否定形のcan'tも力になる。日本語の「禁止」「…してはなりません」「…してはだめ」を言い表せるから。次のメジャーな構文も併せて、絶対にレパートリーに入れておくようにしよう。「…しないとだめ」→We have to . . . 、「…してはだめ」→We can't . . . 。

 Please don't! 「だめですよ」に **You can't . . .** は感じ悪い印象に

「ここでは、…してはいけない」をYou can't . . . here. と言うと、親が「…はだめよ」としつけるような言い方になる。でも、主語を変えてWe can't . . . にすれば、大人同士の会話に適切な表現に。つまり、「みんな…してはいけないことになっています」とルールを示せる。We can't eat or drink here. なら、「ここは飲食禁止です」。同様に、ルールや習慣を教える場合、You have to . . . より We have to . . . がいい。

EXPAND ▶ We can't . . .

☐ **1.** 遅刻は厳禁です。

We can't be late.

....

☐ **2.** 今、この部屋は使用禁止になっています。

We can't use this room right now.

....

☐ **3.** 赤字を出してはなりません。

We can't go into the red.

....

☐ **4.** クリスマス当日に休暇はとれません。

We can't take Christmas Day off.

....

☐ **5.** この件を社外の人に漏らしてはなりません。

We can't talk about this with people outside the company.

....

35 Do you remember . . . ?

…はおわかりですよね。

Do you remember the president's office?

035 **SHORT RALLY**

☐ **A:** これをマーケティング部に渡してもらえますか。
Would you bring this to Marketing?

☐ **B:** マーケティング部はどちらでしたっけ？
Where was Marketing, again?

☐ **A:** 社長室はおわかりですよね。
Do you remember the president's office?
あるいは、大きなトロフィーケースはおわかりですか。
Or, do you remember the big trophy case?

☐ **B:** と思います。
I think so.

☐ **A:** マーケティング部はその隣りです。
It's next to the trophy case.

☐ **B:** ああ、わかりました。ありがとうございます。
Oh, I see. Thanks.

☐ **A:** いいえ。
Sure.

POINT 英会話力の柱は「丸暗記の記憶力」より
「ステップ・バイ・ステップの説明力」

コミュニケーションの第一のステップは議題が何かを互いに認識しあう
こと。こうすれば、後の展開が見えやすくなる。一度に長く説明しよう
とせず、まず Do you remember . . . ? で注意を喚起して、あとは、ス
テップ・バイ・ステップで。Did you see . . . ? (p. 94) や About the
. . . (p. 190) も同様。みなさんも、日本語で話す時「…って、おわかり
ですよね？」と段階を踏みますよね？　だから、英語でもこれを意識す
れば、コミュニケーションの成功率が必ずアップするよ。

Please don't! ペラペラへの近道は、難しいことをそのまま言おうと
せず、かみくだいて伝えること

日本語がうまい人はすぐ英語がうまくなる。これまで教えた経験で最も
早く上達した生徒の一人は小学校の先生でした。それは、暗記力や豊富
な語彙の知識によるものではない。秘訣は、日本語サイドでの咀嚼力。
つまり、難しいことをいつもかみ砕いて言うこと、そしてつまってしま
ったら、すぐ別の言葉で言い表そうとすることがポイント。相手にわか
ってもらいたいという意欲を持続させることも重要。下の3～5の後半
の文はその例。

EXPAND ▶ Do you remember . . . ?

☐ **1.** わが社の新しいアプリの件はご存じですよね。

Do you remember the issue with our new app?

☐ **2.** 残業の件をご存じですよね。

Do you remember the overtime issue?

☐ **3.** 新しい経理の人、おわかりですよね。これ、彼に渡してください。

Do you remember the new accountant? This is for him.

➡ このように2文に分けることでより確実に伝わります

☐ **4.** 田中さんはおわかりですよね。ぶ厚いメガネをかけている方です。

Do you remember Mr. Tanaka? He wears thick glasses.

☐ **5.** マイアミ支社、ご存じですよね。また赤字なんですよ。

Do you remember the Miami branch? They're in
the red again.

36 Did you see . . . ?

…をご覧いただけましたか。

Did you see my e-mail?

036 SHORT RALLY

☐ **A:** あ、シーラさん、どうも。私のメール、ご覧いただけました？
　　Oh, hi, Sheila. Did you see my e-mail?

☐ **B:** ええ。でも、詳しく読んではいないのです。ごめんなさい。
　　Yes, but I didn't read it in detail. Sorry about that.

☐ **A:** 大丈夫です。
　　Don't worry about it.

☐ **B:** ところで、私のメガネ、見ませんでした？
　　By the way, did you see my glasses?

☐ **A:** ええ。頭の上にありますよ。
　　Yeah. They're on top of your head!

☐ **B:** え、なんですって？
　　Sorry?

☐ **A:** ほら、ここ…あなたの頭の上ですよ。
　　They're right here . . . on your head.

First
contact

Light
contact

**Regular
contact**

Heavy
contact

 実際の英会話では、こみ入った表現を使わないで、
簡単に手っ取り早く、こう用件を済ませる

まず用件を相手にきっちり伝えられれば、コミュニケーションは、ほぼ
成功すると思っていい。用件は Did you see . . . ? や、前のユニットの
Do you remember . . . ? といった短い文を組み合わせて伝えよう。一
文で言おうとするとどうしても長くなって、途中でつまずいたり、相手
に遮られて話がわからなくなったりしてしまう。だから、簡単で短い文
の連続で確実に自分の話を進めていこう。ちなみに Have you
seen . . . ? と完了形で聞いてもいいけど、使いやすく活用範囲の広い
Did you see . . . ? の方をレパートリーに入れよう。

**Please
don't!** 「私の…知りませんか」は、**Do you know . . . ?** で
聞かないで

Did you see . . . ? は議題をふったり、「ご覧になりましたか」と確認
したり、「知りませんか」と聞いたりと幅広く使える。see の後には物で
も人でも続けることができる。細かいことだが、注意してほしいのが、
Do you know ＋人 ?。これは、あくまで、「…と面識はある？」と聞く
場面でのみ使うものと覚えておこう。相手に、人や物の存在を知ってい
るか尋ねる時には、Have you ever heard of . . . ? （*p.* 62参照）。

EXPAND ▶ Did you see . . . ?

□ **1.** 企画書をご覧いただけましたか。

Did you see my proposal?

□ **2.** 今朝ルークに会いましたか。

Did you see Luke this morning?
➡ see は「会う」。meet は「待ち合わせる」時に使う

□ **3.** 私の傘を知りませんか。

Did you see my umbrella?

□ **4.** ■会話のテクニック　あのビルが見えますか。そのすぐ隣です。

Do you see that building? It's right next door.
➡ Do you see . . . ? の代わりに Can you see . . . ? もよく使う

□ **5.** 彼、会ってくれた？

Did he see you?

37 Why don't we . . . ?

では、…しましょうか。／そろそろ……

Why don't we talk about the budget?

Why don't we finish up?

((�))
037 **SHORT RALLY**

（騒音と笑い声）
(noise & laughing)

☐ **A:** では、予算案についてお話しましょうか。
　　Why don't we talk about the budget?

☐ **B:** そうですね、6時半になりましたね。そろそろ終わりにしましょうか。
　　Well, it's 6:30. Why don't we finish up?

☐ **C:** 賛成ですね。
　　That's a good idea.

☐ **B:** では、食事でもご一緒にいかがですか。
　　Why don't we have dinner together?

☐ **C:** いいですよ。あのフランス料理店はいかがでしょう。
　　OK. Why don't we go to that French restaurant?

☐ **B:** わー、どなたのおごりでしょうか。
　　Oooh . . . Who's paying?

☐ **C:** 割り勘にしませんか。
　　Why don't we split the bill?

First
contact

Light
contact

**Regular
contact**

Heavy
contact

 POINT Let's . . . は強すぎる表現
簡単な言葉で感じよく「…しませんか？」

Let's . . .には「…しよう」という断定的なニュアンスがあり、強く勧める印象を与えることがある。一方、Why don't we . . . ?は、「…しませんか」「…しましょうか」の意。ビジネス・コミュニケーションの必修表現。これは文字通りの「なぜ…しないのですか」ではないことに注意。本書の編集会議中にも、Why don't we talk about the sequel?「続編についてちょっと話しましょうか」のような会話をした。Why don't we talk about . . . ?は、「…のことですが、どうしましょうか」と言いたい時や、それた話を本題に戻す時にも使える。また、日本語の「そろそろ……」もWhy don't we . . . ?で丁寧に言える。EXPAND参照。

**Please
don't!** Shall I . . . ?の使い方は限定的

Shall I . . . ?とかShall we . . . ?はホテルやタクシーなど接客業で使われるようなイメージ。親しい間柄で使うと丁寧すぎる印象になるかも。もちろん、全く使えないわけではないが、「…しましょうか」「…しませんか」「…するのはいかがですか」にはこのWhy don't we . . . ?やShould I . . . ?、Should we . . . ?の方が万能。

EXPAND ▶ Why don't we . . . ?

□ **1.** そろそろ始めましょうか。
Why don't we get started?

□ **2.** スケジュールについて話しませんか。
Why don't we talk about the schedule?

□ **3.** そろそろ休憩しましょうか。
Why don't we take a break?

□ **4.** そろそろ注文しましょうか。
Why don't we order?

□ **5.** それについては明日話しませんか。
Why don't we talk about it tomorrow?

I'd really appreciate it if . . .

…していただけると、本当にありがたいのですが

I'd really appreciate it if you stopped smoking here.

038 **SHORT RALLY**

☐ **A:** すみません。

Excuse me.

ここでは吸わないでいただけると、大変ありがたいのですが。

I'd really appreciate it if you stopped smoking here.

☐ **B:** 失礼しました。

I'm sorry about that.

喫煙所はどちらですか?

Where's the smoking area?

☐ **A:** 申し訳ありませんが、喫煙所はございません。

I'm sorry, but we don't have one.

☐ **B:** わかりました。

No problem.

(心の声) 喫煙所があればありがたいのに。

(Inner voice) I'd really appreciate it if you had a smoking area.

POINT　言いにくいことをわかりやすくソフトに伝える表現

堅い交渉の場や人に何かを頼む時でも、丁寧に自己主張できるのがこの[I'd really appreciate it if . . .]。「私（ども）としてはこうあるといい」というニュアンスで要望をソフトに伝える表現。言いにくいことや相手にやめてほしいことを伝えるにも有効。相手が渋りそうな時でも、この表現で説得してみて。取引相手はこちらの要求が読めないと戸惑うので、p. 202のimportantと併せて使ってみよう。より強い要望・要求にはp. 58のI'd like . . . が使える。

　If . . . に続く動詞は過去形で

このフレーズは少々長いが、単に2つの短文から成っているだけ。つまり、[主語＋動詞 if 主語＋動詞.]。if節の主語を忘れずに。またこれに続く動詞は、会話では、過去形が広く使われる（例：if you would comeでもif you cameでもOK）。

　I'd really appreciate it if . . . は、「アド**レ**アリプ**リ**シエイティディフ」に近い。I'd は I would の省略形。

EXPAND ▶ I'd really appreciate it if . . .

□ **1.** 今日、来てくださると大変ありがたいのですが。
　I'd really appreciate it if you came today.

□ **2.** それを書面でいただけると、大変ありがたいのですが。
　I'd really appreciate it if you put that in writing.
➡ これは、「ぜひ」と頼む時。もっとソフトに言うなら May I have it in writing?

□ **3.** 遅刻をしないようにしていただけると助かります。
　I'd really appreciate it if you stopped being late.
➡ もっとダイレクトに言うなら、Please don't be late.（p. 52参照）

□ **4.** 先延ばしにするのをやめていただけると、大変ありがたいですね。
　I'd really appreciate it if you stopped procrastinating.

□ **5.** もう少しゆっくり話していただけると、大変ありがたいのですが。
　I'd really appreciate it if you spoke a little more slowly.

39 I look forward to that.

ぜひよろしくお願いいたします。

SHORT RALLY

☐ **A:** 御社のプレゼンテーション、本当に良かったです。
I really liked your presentation.
次回は上司とともに参ります。
I'll bring my boss next time.

☐ **B:** ぜひよろしくお願い申し上げます。
I really look forward to that.

☐ **A:** たぶん来週注文させていただくと思います。
I think we'll make an offer next week.*

☐ **B:** よろしくお願いいたします。
I look forward to that.

☐ **A:** こちらこそよろしくお願いいたします。
And we look forward to doing business with you.

---

*I think ... は「たぶん……」。ここでmaybe を使うと、「もしかしたら」や「ひょっとしたら」
のような少し気まぐれで無責任な印象を与えかねない。この場合は、I think ... で。

100

POINT 「よろしくお願いします」など、ビジネスライクに物事を始めたり、きちんと締めたりする時に

英語に「よろしく」と全く同じ言葉はない。でも、世界どこの国にも「よろしく」的なことを言う場面はある。始めに言う「よろしく」、別れ際に言う「よろしく」に合う英語表現は、[I look forward to . . .]。ビジネスシーンに頻出。大切なのは、何に対して「よろしく」なのか。それをtoの後に続けて言えばいい。必ず名詞か、動詞のing形にすること。

 Please don't! 大切な [I look forward to . . .] を「…が楽しみ」とだけ覚えないで

[I look forward to . . .] は「…を楽しみにしている」とは限らない。「…によろしく」や「…をお待ちしています」という使い方もあると頭をリセットして。日本語でも、目上の相手や外部の初対面の人に「(私は)楽しみにしている」とはあまり言わないだろう。また、「お待ちしている」と言う時に、何かを催促する場面以外でI'm waiting. を使うのは、「だから早く来て」というニュアンスになるのでNG。この場合もlook forward to . . .で表現しよう。最もフォーマルな形は、I look forward to . . .だが、I'm looking forward to . . .や単にLook forward to . . .でも失礼ではないはず。

EXPAND ▶ I look forward to . . .

□ **1.** 今後ともよろしくお願いします。

I look forward to working with you.

□ **2.** ■フランスで合流予定の人に　では、現地でよろしくお願いいたします。

I look forward to seeing you in France.
➡ meeting だと初対面の「よろしく」になるので、seeing が適切

□ **3.** ■来社予定の人に　弊社でお待ちしております。

I look forward to seeing you at our office.
➡ この文にwait は NG。to の後は動詞の ing 形に (to see は間違い)

□ **4.** お返事お待ちしております。

I look forward to hearing from you.
➡ メールでもよく使う締め言葉。意味は「楽しみ」ではなく「お待ちしています」

□ **5.** ダーンズさんをよろしくお願いしますね。

Please take good care of Mr. Darns.
➡ 「…をよろしく」ではなく「…によろしく」なら Please say hello to . . .

If there're any problems, please let me know.

Dear Mr. Lee,
I'm sending a copy of the new promotional video.
If there're any problems, please let me know.
Also, how's your web page going?
If there're any new developments, please let me know.
Sincerely,

Jack Melon
Jack Melon

---

040 BUSINESS LETTER

リー様
Dear Mr. Lee,
新しいプロモーション・ビデオのコピーをお送りします。
I'm sending a copy of the new promotional video.
もし何か問題がありましたらご連絡ください。
If there're any problems, please let me know.
それから、ウェブページの方はいかがですか。
Also, how's your web page going?
もし何か新しい進展がございましたらお知らせください。
If there're any new developments, please let me know.
では、また。
Sincerely,
ジャック・メロン
Jack Melon

POINT メールでも、電話でも、コミュニケーションを
オープンにさせるのに役立つ表現

[If there're any . . . , please let me know.] は、any を用いる数少ないパワーフレーズで、「どうかご遠慮なく何でも言ってください」というニュアンスがある。1語を入れ替えるだけで応用が効くのでマスターしよう。any の後にくる名詞は problems、questions、changes など複数形。If 構文は自分のレパートリーに入れておくと、コミュニケーション力がレベルアップする。では、それを英語でどうぞ。答えは、If you can make sentences with "If", your ability to communicate will improve.。

 If構文に規制緩和を

If . . . の表現は、決して難しい仮定法ばかりではない。現在形や未来形（主として will）で、いろいろなことが言えてしまう。例えば、If he calls, I'll call you.（もし彼が電話をくれたら、連絡しますね）。カギは動詞の変形ではなく、常に [If 主語＋動詞, 主語＋動詞.] の形を守ること。この場合、2文目の主語を抜かしがちなので注意。If構文のもう一つの大事な使い方は、[If 主語＋動詞, 疑問文?]。例えば、「彼が遅刻したら、待った方がいい？」は、If he's late, should I wait?。

EXPAND ▶ If there're any . . . , please let me know.

☐ **1.** 何かご質問があればご連絡ください。

If there're any questions, please let me know.

➡ let me know は「ご連絡ください」や「お知らせください」という定番表現

☐ **2.** もしクレームがあればお知らせください。

If there're any complaints, please let me know.

➡ 「クレーム」は claim ではなく complaints

☐ **3.** 何か仕事の募集がございましたら教えてください。

If there're any job openings, please let me know.

☐ **4.** 何かご変更があればお知らせください。

If there're any changes, please let me know.

➡ 「弊社にお知らせください」なら、please let us know

☐ **5.** その他の点で何かあればご連絡ください。

If there're any other issues, please let me know.

➡ 「ご連絡ください」には、contact me よりも let me know の方が一般的

41

...しておきます

041 **SHORT RALLY**

☐ **A:** ただいま、みなさん。
　　Hi, everyone.

☐ **B:** お帰りなさい、ジェーン。
　　Hi, Jane.

☐ **C:** プレゼンはいかがでした？
　　How was the presentation?

☐ **A:** うまく行きました！　ホワイトハウスの仕事が取れましたよ！
　　Great! We got the White House job!

☐ **C:** やりましたね。では、ホワイトハウスのファイルを取ってきます。
　　All right. I'll get the White House file.

☐ **D:** 会議室を押さえておきます。
　　I'll reserve the conference room.

☐ **E:** 部長を呼んできます。
　　I'll get the boss.

☐ **F:** コーヒーを入れます。
　　I'll make some coffee.

POINT ペラペラへの近道は「母語→外国語」

日本語を話せるようになった僕自身の経験から言うと、大切なのはこのアプローチ。つまり、「母語から外国語にする」練習。その逆ばかりしている人は、言葉が出るまでに時間がかかりがち。付属の赤シートを使って、ぜひ「日本語→英語」の変換練習をしてみて。例えば「電話をしておきます」を見てすぐ I'll call. と言う。「〜しておきます」を［I'll＋動詞.］に置き換える練習をしよう。I will より I'll が一般的。同様に、I am はきちんとしたビジネスの場面でも I'm と短縮される。

 Please don't! 相手の予定を聞く時は要注意

人に予定を尋ねる際、Will . . . ? の疑問文には要注意。Will you visit Hong Kong next week? と言うと、「香港に来てもらえますか？」の意と勘違いされるかも。単なる予定なら、be going to を使って、Are you going to . . . ? と聞く。自分の予定なら I'm gonna（＝going to）visit Hong Kong next week.、または進行形で I'm visiting Hong Kong next week. と言う。なるべく時間を表す言葉を最後に。そうすれば、動詞の時制が間違っていたとしても伝わる。

EXPAND ▶ I'll . . .

☐ **1.** 確認しておきます。

I'll check.
➡ 自ら行動する、イニシアチブを取ることを表明する I'll . . . の定番的使い方

- -

☐ **2.** エレベーターを呼んでおきます。

I'll get the elevator.
➡ I'll call the elevator. はあまり言わない

☐ **3.** 明日連絡します。

I'll let you know tomorrow.

- -

☐ **4.** 今月末に振り込んでおきます。

I'll transfer it at the end of the month.
➡ 今決めたことや、その場でする約束には、I'll をこのように使う

- -

☐ **5.** 到着したらお電話します。

I'll call you when I get there.
➡ 「到着」は arrive でもいいが、自然なのは［get＋場所］（p. 196参照）

- -

I hope S+V.

…していただけると幸いです。／…だといいのですが。

I hope you can stay within the budget.

042

SHORT RALLY

☐ **A:** 新しい CM のことが少し心配ですね。
I'm a little concerned about the new commercial.
予算内にちゃんと収めてもらえるとありがたいのですが。
I hope you can stay within the budget.

☐ **B:** 実際のところ、予算オーバーしています。どうしたらいいでしょうね。
Actually, we're over budget now. What should I do?

☐ **A:** シーンをいくつかカットすることは可能ですか。
Can you cut a few scenes?

☐ **B:** そうですね、最後のシーンはカットできます。
Well, I can cut the last scene.
でもクライアントはもう原案を見ていますし。
But our client saw the original plan already.
クレームが来ないといいのですが。
I hope we don't get complaints.

＊「クレーム」は英語でcomplaint (s)。

First
contact

Light
contact

Regular
contact

Heavy
contact

 お願いの基本表現をマスターしよう

(Please) Check this. は命令形で強い言い方。「これチェックして」と
いったニュアンス。丁寧に言うなら、Would you check this?「これ
をチェックしていただけますか」。一方、Can you check this now?
は、「今、これをチェックすることが可能ですか」と都合を尋ねている。
もっとソフトに「金曜までにこれをチェックしていただけると幸いです」
なら、I hope you can check this by Friday.。ビジネスでは、相手
を動かすことが大切だから［I hope you can . . .］は要マークの表現。

 I hope . . . のありがちな失敗ワースト2

「…だといいけれど」は［I hope 主語＋動詞.］なのに、I wish . . . を使
ってしまうミスが多い。I wish . . . は、ありえないことを願ったり後悔
や愚痴を言ったりする時の表現（次ページ参照）。2番目に多いミスは、
I hopeに続く文の主語を抜かすこと。I hope sunny. ではなく、I hope
it's sunny.。正しく使いこなしていただけると幸いです（下の例を参照）。

EXPAND ▶ I hope S+V (not).

□ **1.** 今後ともお仕事をご一緒させていただけると幸いです。

I hope we can do business in the future.

➡ 残念ながらも断る時は、I wish we could have done business together.

□ **2.** すぐに対処していただけると幸いです。

I hope you can take care of it soon.

□ **3.** ご理解いただけると幸いです。

I hope you can understand.

➡ I hope you don't mind.（それで構わないでしょうか）も似た意味

□ **4.** 彼が怒らないといいのですが。

I hope he doesn't get mad.

□ **5.** ■何かを贈る時などに　気に入っていただけるといいのですが。

I hope you like it.

➡ 接待などの場での「お口に合うといいのですが」にも有効

107

I wish S+V.

…だったらよかったのですが。

43

I wish I didn't work here.

043 SHORT RALLY

☐ **A:** もう6時だわ。そろそろ終わりにしませんか。
It's 6 already. Why don't we finish up?

☐ **B:** ああ、もっと時間があったらいいのに。
Oh . . . I wish we had more time.

☐ **A:** ええ、まあ、そうですけど。お先に失礼します。
Yeah . . . Well . . . See you tomorrow.

☐ **B:** サリーさん、今晩はデートなの？
Sally, do you have a date tonight?

☐ **A:** 何ておっしゃいました？
Sorry?

☐ **B:** いや、気にしないで。お疲れさま。
Oh, don't worry about it. See you tomorrow.
(心の声) 言わなきゃよかったな
(Inner voice) I wish I didn't say that.

☐ **A:** (心の声) こんな会社に入らなければよかった。
(Inner voice) I wish I didn't work here.

108

POINT 英文法をSIMPLEに整理して

この表現の基本形は、[I wish 主語＋動詞.]。動詞の活用にコツがある。文法書の厄介な仮定法の使い方は規制緩和させよう。最も使いやすく応用範囲が広いのは [I wish 主語＋動詞の過去形.]。意味は、「…すればよかったのに」。例えば、体調が悪いのに出社して具合がもっと悪くなった時に、I wish I stayed home.「休めばよかった」。この場合、動詞はhad stayedでも、stayedでもいい。be動詞はI wish I（／youなど）were...と、すべてwereになる。ルールはシンプルに整理して身につけよう。

Please don't! I hope ... のシチュエーションで I wish ... を使わないで

[I wish ...] は使える表現だが、[I hope ...] と比べるとマイナー。「…なるといいね」と希望について述べる時にはいつもI hope ...。I wish ...で文を始める人も多いが、それは間違い。I wish ...は、愚痴や後悔している時に使う（左ページ参照）。セレモニーなどでの決まり文句に限定して、I wish ...を「…でありますように」の意味で使うことはよくあるものの、ビジネスシーンには「…していたらよかったのに」の方が頻出するから、きちんと使えるよう練習しよう。

EXPAND ▶ I wish . . .

□ **1.** その株を買っておけばよかった。

I wish I bought that stock.

□ **2.** 真っ当な予算があればいいのに。

I wish we had a proper budget.

□ **3.** もうちょっと広いオフィスがあったら……。

I wish we had more space.
➡ この「広い」はwideではなくbigなので、I wish we had a bigger office. もOK

□ **4.** こんなにたくさんの仕事がなければよかったのに。

I wish I didn't have all this work.

□ **5.** 式典はもっといい天気ならよかったのに。

I wish we had better weather for the ceremony.
➡ 未来のことを願うなら、I hope ...（前ユニット参照）

44

I've been . . . all day.
一日中…でした。

Did you see my memo?

No. I've been busy all day.

044 **SHORT RALLY**

☐ **A:** 私のメモ、見ていただけました？
  Did you see my memo?
☐ **B:** いいえ、申し訳ありません。
  No, I'm sorry about that.
  今日一日中、忙しかったのです。ハクション！
  I've been busy all day. Ahchoo!!
☐ **A:** 大丈夫ですか。
  Bless you.
☐ **B:** ありがとうございます。この一週間ずっと具合が悪かったのです。
  Thanks. I've been sick all week.
☐ **A:** それはいけませんね。良くなるといいですね。
  I'm sorry to hear that. I hope you feel better.
☐ **B:** ありがとうございます。
  Thanks.

現在完了形で使える数少ないキーフレーズ

[I've been . . . all day/week/month.] は「一日中／今週は／今月は、…だった／にいた」というビジネスに欠かせない表現。busy、sick などの形容詞以外では、「場所」を表す言葉が続く。例えば I've been in the office all day.、on the computer、on the phone、in the car などいろいろ応用してみよう。もう一つの形は活動内容を表す [I've been + . . . ing all day.] で、「今日一日ずっと…していた」。

Please don't! 英文法のマイナー表現に悩まないで

自由自在に応用することが必要な時制は現在形、過去形、未来形。そして、構造的には、肯定文、否定文、疑問文の3つを自在に使えるようにしておくことが、英会話ペラペラへの確実な道。この I've been . . . と It's gotten . . . （p. 136参照）は本当によく使われるが、これ以外の完了形はマイナーなので覚えなくても OK。

発音は？ I've been busy all day. は「アイヴビン**ビズィ**オールデ」と「**オール**」を強めに。

EXPAND ▶ I've been . . . all day.

□ **1.** 一日中外出していました。
I've been out of the office all day.
➡ 実際の会話では、I was . . . と過去形で言うことも多い

□ **2.** 今日一日ずっと電話ばかりしていました。
I've been on the phone all day.
➡「電車で移動ばかりしていた」なら I've been on the train all day.

□ **3.** 今週はずっとドイツにいましたか。
Have you been in Germany all week?
➡ このように、基本表現の疑問形・否定形も言えるようにしよう

□ **4.** 今週一週間休んでいました。
I've been off all week.
➡「休む」は rest ではない。off で活用（p. 198）

□ **5.** 1999年からこの会社に勤めています。
I've been with this company since 1999.
➡ [since +時点] または [for +期間]。例えば、for ten years（10年間）

45

I'm afraid so / not.

残念ながら、そうです。／そうではありません。

045 **SHORT RALLY**

□ **A:** アジアに支社はありますか。
Do you have a branch in Asia?

□ **B:** 残念ながら、ありません。
I'm afraid not.

□ **A:** それは残念ですね。
I'm sorry to hear that.

□ **B:** アジアの取引はカリフォルニア支社で対応しております。
We take care of Asian business at the California branch.

□ **A:** ということは、カリフォルニアに連絡をとらないといけないんですね。
So I have to call California?

□ **B:** そういうことになりますね。
I'm afraid so.

First
contact

Light
contact

Regular
contact

Heavy
contact

POINT　応答表現をレベルアップ

Yes/No の代わりに、「残念ながらそうです」とややシリアスに言いたい時は、I'm afraid so.、「残念ながらそうではありません」は I'm afraid not. で。オファーや誘いに対して丁寧に No と言う時も、I'm afraid not.。ちなみに悪いニュースを告げられて「それは残念です」と言う時は、I'm afraid not. ではなく、I'm sorry to hear that.（p. 47）で。

Please don't!　返事上手と返事下手の本物の基準

学校で習う Yes, I do. や No, he wasn't. などの返事は、成績をつけるためのもの。実際に、世界のコミュニケーションにおいて必要な返事の仕方ではない。世界の法則は、まず Yes. ／Yeah.、No. ／Well, ... だけ言って、その後に文をプラスして話を運ぶというもの。「最新モデルは好きですか」と聞かれたら、「はい、好きです」「いいえ、好きではありません」より、普通は「ええ、良くなりましたね。でも……」などと話を運ぶはず。では、返事の仕方の注意点をここで復習。「わかりません」は、I don't know. ではなく I'm not sure.（p. 30）、「なるほど、わかりました」は、「アイアンダスタンド」ではなく Oh, I see.。

EXPAND ▶ not を使ったハイレベルな応答

□ **1. 私は結構です／やめておきます。**
　　I'd rather not.

□ **2. 弊社としては、それだけはやめておきます。**
　　We'd really rather not.

□ **3. ■Your company is irresponsible!**（御社は無責任だ！）と言われて　**いいえ、違います。**
　　No, we're not.
　　➡ 強く否定する時は not を、「弊社ではなく御社が…」という時は we を強調する

□ **4. ■Your company can do that.**（御社ならできますよね）と言われて　**いいえ、できかねます。**
　　No, we can't.
　　➡ No の後にあえて we can't などを続けるのは、否定を強調するニュアンス

□ **5. 残念ながら、現時点ではできかねます。**
　　I'm afraid we can't right now.
　　➡ もっと軽い「残念ながら」なら、I'm afraid の代わりに Unfortunately を使う

Where can I get . . . ?

…はどこに行けばありますか。

> Where can I get big color copies?

046 **SHORT RALLY**

☐ **A:** サリーさん、大きなサイズのカラーコピーはどこに行けばとれますか。
Sally, where can I get big color copies?

☐ **B:** 地下の A5号室にあるわよ。
There's a machine in the basement in room A5.

☐ **A:** もう一度言っていただけますか？
Would you say that again?

☐ **B:** 地下に大型機が1台あるの。
There's a big machine in the basement.
A5号室よ。古いけれど、大判コピーがとれるわ。
It's in Room A5. It's old, but it makes big copies.

☐ **A:** じゃあ、画質の良いカラーコピーはどこでとれますか。
Well, where can I get good color copies?

☐ **B:** そうねぇ。ちょっとわからないわ。
That's a good question. I'm not sure.

First
contact

Light
contact

**Regular
contact**

Heavy
contact

Where's . . . ?のレベルアップ表現はこれ

必要なサービスやものを探している時には、Where can I get . . . ?で。
例えば、「ドライバーはどこですか」は、Where's a screw driver?で
はなく、Where can I get a screw driver?。つまり、「どこに行けば
ドライバーを手に入れられますか」の意。Where should I go if I'd like
to get a screw driver?などと長ければ丁寧とかビジネスっぽくなるわ
けではなく、言い間違いのリスクが増すだけ。[Where can I get a＋
ほしいもの?]でOK。出口やトイレなどビル内にあるものの場所を探し
ている時はWhere's . . . ?やI'm looking for . . . (p. 16参照)。

**Please
don't!**　　ビジネス上で必要なものがあれば積極的にゲット
　　　　「自分で取りにいく」姿勢を示そう

以前紹介した [May I have＋ほしいもの?] (p. 22) は人に丁寧にも
のを頼む時の表現。でも、自分で取りに行くというdo-it-yourself的な
姿勢を示す時は、お店の人にも [Where can I get . . . ?] で。特に海
外の企業で働くなら、なんでも「お願いします」と人に頼むのはNG。
「自分で取りにいきます。どこに行けばありますか」と教えてもらおうと
する態度が大切。

EXPAND ▶ Where can I get . . . ?

☐ **1.** どこに行けばタクシーを拾えますか。

Where can I get a taxi?

➡ タクシー乗り場 (taxi stand) のない国は多いので、taxi を使って表現する

☐ **2.** どこに行けば法律相談ができますか。

Where can I get legal advice?

☐ **3.** どこに行けば日本語ソフトのあるPCが手に入りますか。

Where can I get a PC with Japanese language software?

☐ **4.** どこで募集すれば、優秀なアシスタントを雇えますか。

Where can I get a good assistant?

➡ assistant はチームの一員のようなニュアンスがあり、secretary よりいい言葉

☐ **5.** どこに行けばいいマッサージが受けられますか。

Where can I get a good massage?

➡ 座っている時間の長い現代人にとって、マッサージは万国共通の人気サービス

Do you have . . . ?

47
御社に…はありますか。

Do you have work experience?

Do you have paid vacations?

SHORT RALLY

☐ **A:** お越しくださり、ありがとうございます。履歴書をいただけますか。
Thanks for coming. May I have your résumé?

☐ **B:** はい、どうぞ。
Sure. Here you are.

☐ **A:** *(心の声)* 職務経験はあるのかしら。
(Inner voice) Do you have work experience?
態度が悪かったりして。
Do you have an attitude?*

☐ **B:** *(心の声)* この会社には有給休暇はあるのかな。
(Inner voice) Do you have paid vacations?
かわいい社員はいっぱいいるのかな。
Do you have a lot of cute employees?

---

*have an attitude も have a bad attitude も「態度が悪い」の意でよく使う。

実践英会話を目指しているビジネスパーソンよ、
Do you have . . . ?　を甘く見るな

Do you have . . . ? は、買い物では「こちらのお店に…はありますか」の意味でよく使われるが、ビジネスシーンでも、「(御社には) …は設置されていますか／ありますか」などと聞く表現。一見簡単だが、世界のビジネスパーソンは、このような基本表現でペラペラとコミュニケーションをとっているのだ。基本表現を否定して小難しい表現ばかりにこだわっていると、モゴモゴ「ビジネス英語」からの卒業は遠い。

 英語サイドからスタートする勉強法はやめよう

haveのイディオムを片っ端から覚えるより、まずは訳から自分が使いそうな表現を厳選し、使いこなす力を磨こう。実践力をつけるには「母語→外国語」のトレーニングが有効。「ありますか」や「ある」「いる」「ない」と言いたい時はhaveを使って疑問文・否定文も作ろう。「あまり時間がない」はWe don't have a lot of time.。「御社は、ドイツに支社はございますか」ならDo you have branches in Germany.。そして「御社に…はありますか」と言う時の主語は、your companyよりもyouが一般的。your companyは経営者と話をしているイメージ。

EXPAND ▶ Do you／we have . . . ?

☐ **1.** 24時間サービスを提供していらっしゃいますか。
Do you have 24-hour service?

☐ **2.** フリーダイヤル番号をお持ちですか。
Do you have a toll-free number?

☐ **3.** 南アメリカに支社はございますか。
Do you have a branch in Latin America?

☐ **4.** わが社はこの地域に販売代理店はありましたっけ？
Do we have distributors in this area?

☐ **5.** だれか、イタリア政府と人脈はありませんでしたか。
Do we have contacts with the government in Italy?

What's . . . like?

…はどんな感じですか？

What are their fees like?

What's their office like?

048 SHORT RALLY

- ☐ **A:** わが社のソフトの素晴らしい流通会社を見つけたよ。
  I found a great distributor for our software!
- ☐ **B:** 料金はどんな感じですか？
  What are their fees like?
- ☐ **A:** そうですよね。次回尋ねておきます。
  That's a good question. I'll ask them next time.
- ☐ **C:** オフィスはどんな感じですか？
  What's their office like?
- ☐ **A:** 小さいけれど、駅のすぐそばですよ。
  It's small. But it's right next to the station.
- ☐ **B:** 社長はどんな感じの人ですか？
  What's their president like?
- ☐ **A:** 聡明で、アイデアが豊富な女性という感じでした。
  She's bright. And she has a lot of good ideas.

POINT likeの2つの意味をゲットしよう

likeには2つの意味がある。「…が好き」はみんな知っていると思うけれど、もう一つ、普段使い慣れていなくて、マスターしないといけない用法は、「…のような感じ」「…のような」。これは説明に便利。例えば、「朝礼」を説明する時、It's like a morning meeting.。また、「次世代テレビ」を説明する時は、It's like a regular TV, but . . .のようにね。そして、「それはどのような感じ？」と聞く時にもこのlike。大切なのは、先頭にWhat's、文末にlike。

 likeとlook likeを使い分けて

What's he like? と What does he look like?の違いがわかりますか。後者は、外見のことだけ聞いているのに対し、What's he like? は外見・性格・考え方など総合的に聞き出せる表現。そして、もう一つ注意すべきことは、What's Japanese TV like? と聞かれたら、相手は日本のテレビ放送について説明を求めているので、Yes, I like Japanese TV. と答えてはだめだということ。会話によく出てくるこのlikeの2つの使い方をマスターしよう。

EXPAND ▶ What's . . . like?

□ **1.** 御社のオフィスはどんな感じでしょうか。
What's your office like?

□ **2.** 同僚はどんな感じですか。
What are the people in your office like?
➡ co-workerでも通じるが、上のようにpeople in your officeと言うのが一般的

□ **3.** 支払い予定はどうなっていますか。
What's the pay schedule like?

□ **4.** 御社の社風を教えていただけますか。
What's your company like?

□ **5.** 明日のスケジュールはどんな感じですか。
What's your schedule like tomorrow?
➡ 文末をFridayやJune 2ndとするなど、応用しやすい便利な表現

Do you think S+V?

…かなあ。／…ですかね。

Do you think we can finish today?

No.

049 **SHORT RALLY**

☐ **A:** 今日中に終わるかなぁ。
Do you think we can finish today?

☐ **B:** いや、無理でしょう。
No. It's impossible.
ひとまず、この辺で切り上げますか。
Why don't we finish up for now?

☐ **A:** そうですね。でも部長が怒るかなぁ。
OK. But do you think the boss will get mad?

☐ **B:** うーん。裏口から帰りましょうか。
Well, why don't we go out the back door?

☐ **A:** 名案ですね。
That's a good idea.

120

First
contact

Light
contact

Regular
contact

Heavy
contact

POINT 短い「…かなあ」は、**Do you think S＋V?**

「…かなあ」「…ですかね」を常にMaybe . . .とはしないこと。例えば
「高いかな」はMaybe expensive? ではなく、Do you think it's
expensive? のように、主語と動詞のある完全な文を続ける。日本語で
省略される部分に注意。「まだ待ってるかなぁ」なら、Do you think
waiting? ではなく、「だれが」をちゃんと言う必要がある。直訳で「あな
た、思いますか、彼が、まだ待ってると」の語順、Do you think he is still
waiting? が正解。日本語に惑わされず、主語などをきちんと補って。

Please 「ビジネス英語」よりも
don't! 「ビジネス・スピードの英語」をめざそう

大人同士の会話では、必ずしも難しい単語や構文を使わなくてはならな
いわけではない。しかし、瞬時に言いたいことが言えるようにしておく
義務はある。母語並みの早口は必要ないけれど、相手を待たせすぎるの
も失礼。本書の付属赤シートを使って「英語を隠す→日本語を見て隠れ
た英語を言う」というトレーニングをしっかりしよう。「よろしく」
(*p.* 100)、「お疲れさまでした」(*p.* 35) などと同様に、コンパクトな
日本語の表現も主語・動詞・目的語などを補って英語に変換すること。

EXPAND ▶ Do you think S+V?

□ **1.** 大丈夫ですかね。
　　Do you think it'll be OK?

□ **2.** それって経費がかかり過ぎますかね。
　　Do you think it'll cost too much?

□ **3.** 今年は利益が出ますかね。
　　Do you think we'll make a profit this year?

□ **4.** 自社で開発できるかな。
　　Do you think we can develop this ourselves?

□ **5.** 株式市場は回復しますかね。
　　Do you think the stock market will recover?

50

I think S+V.

たぶん…ではないでしょうか。

Do you think Global Express is open?

I think it's too late.

▶ 050 **SHORT RALLY**

☐ **A:** 大至急、これを日本に送らないといけないのですが。
I have to send this to Japan ASAP.*
グローバル・エクスプレスはまだやっていますかね？
Do you think Global Express is open?

☐ **B:** たぶんもう遅いんじゃないかしら。
I think it's too late.

☐ **A:** 電話してみます。電話番号を教えていただけますか。
I'll call. May I have the number?

☐ **B:** 確か、223-6611だったと思いますけど。
I think it's 223-6611.

☐ **A:** もう一度お願いできますか。
Would you say that again, please?

☐ **B:** 2、2、3の6、6、1、1です。
223 . . . 66 . . . 11.

＊ASAP は as soon as possible の略。そのまま読んで使われる。

122

First
contact

Light
contact

Regular
contact

Heavy
contact

 POINT 100パーセントの自信がない時は、この表現を
「たぶん」にmaybeは使わないで

I think . . . はとても応用性の高い表現だが、大別して2つの意味合いがある。一つは、「…と思います」と意見を伝える時。もう一つは、「たぶん…じゃないかな」と断言を避ける時の表現。これはビジネスシーンで活躍するので、必ずマスターしてほしい。確信がない時の表現にはmaybeなどいろいろあるが、I think . . . の推測の方がきちんとした表現だ。音声で「たぶん…」のイントネーションを確認して使ってみよう。

 maybe . . . はあまり使わないで
無責任な発言に聞こえてしまう

例外はあるが、断定したくない時の「たぶん…じゃないかな」は、Maybe . . . と言ってはだめ。本来maybe . . . は、「ひょっとして」と単なる推測を第三者的につぶやく時の言葉。例えば、「あれって銀行かなぁ」はMaybe that's a bank.。だから、当事者の建設的な発言にはならず、無責任な印象を与えることもある。「たぶん注文をキャンセルしたんじゃないかな」はMaybe they canceled . . . とは言わないで、I think they canceled . . . かズバリThey canceled their order. に。「アイスィンクメイビー……」と一緒に使われることはほとんどない。

EXPAND ▶ I think S+V.

☐ **1.** たぶん許可を申請しないといけないでしょうね。

I think we have to apply for a permit.
➡ I thinkの後にthatはつけなくていい

☐ **2.** たぶんDP社の方が安いです。

I think DP will be cheaper.

☐ **3.** おそらく、彼は5部頼みました。

I think he asked for five copies.

☐ **4.** 大丈夫だと思いますけど。

I think it'll be OK.

☐ **5.** そうじゃないかな。

I think so.
➡ 「違うんじゃない」ならI don't think so.

51

What if S+V?

…だったらどうしますか。／どうしたらいい？

> What if there's a strike?

> What if it doesn't work?

051 SHORT RALLY

（重役室で）
(At the Board Meeting)

- [ ] **A:** 昇給は無理ですよ。
  We can't raise salaries.
- [ ] **B:** でも……ストライキになったらどうしましょう。
  But . . . what if there's a strike?

（労働組合の会議にて）
(Inside the Labor Union meeting)

- [ ] **C:** ストライキを決行すべきでしょうか。
  Do you think we should strike?
- [ ] **D:** もちろんです。
  Of course.
- [ ] **C:** でも……うまくいかなかったらどうします？
  But . . . what if it doesn't work?
- [ ] **D:** 確かにね。
  That's a good question.

POINT 「…したら、どうする？」の負担を減らす方法はこれ

日本語の「…したら、どうする？」を英語で言いたい時は意外と簡単。まずWhat ifを言って、その後に主語と動詞を続けるだけ。[What if . . . ?]はもともとWhat will 主語 do if . . . ?を省略したもの。でも、「わが社はどうします？」「あなたはどうします？」はWhat will we／you do if . . . ?とフルで言わなくてもいい。会話の流れがあるので、「…になってしまったら、どうします？」はWhat if . . . ?だけでOK。簡単だね。

Please don't! ビジネス英語はバランスで考えて

本書は「教養ある大人の英会話」を実践するための秘訣を紹介している。だから読者のみなさんは、もう、Sit down.やI want . . .、Sign, please.といったNG表現は卒業したはず。次は、カジュアルな「俗語」のように見えるけれど、実際はビジネスにも使える十分丁寧な日常会話表現を身につけよう。特に省略系の英語。例えばgonna。これは欧米の首脳の演説にも頻繁に登場するし、ためらわずに使ってほしい。全く使わないのはむしろ不自然な英語に聞こえる。同じようにWhat if . . . ?も省略形だけど、俗語ではないので安心して活用して。

EXPAND ▶ What if S+V?

☐ **1.** もし彼が外出していたら、どうすればいいですか。
What if he's out?

☐ **2.** もし500しかオファーしてこなかったらどうしますか。
What if they only offer 500?

☐ **3.** 首を横に振られたらどうしましょう。
What if they say no?

☐ **4.** 融資を受けられなかったらどうしますか。
What if we can't get a loan?

☐ **5.** ばれたらどうしましょう？
What if we get caught?

I don't think we should rush.

I don't think we should wait.

AFC	RCR	MM	TF	PPI
↑	66½↓	127↑	230↑	27↓

052 SHORT RALLY

☐ **A:** どうですか。
What do you think?

☐ **B:** そうですね。考え方はいいと思います。
Well, I like the idea.
でも、まだ情報が十分とは言えませんね。
But I don't think we have enough information yet.
それに、急がない方がいいのではないでしょうか。
And I don't think we should rush.

☐ **A:** でも、これはまたとない機会ですよ。
But this is a great deal.
待たない方がいいと思いますけれど。
I don't think we should wait.

POINT — 「…だと思わない」と発想できるようになろう

[I don't think＋肯定文.] は、日本語にあまりないのでかなり高度な構文だが、ぜひマスターしたい。英語的には [I think＋否定文.] より断然ナチュラルで一般的。つまり「…ではないと思う」より「…だとは思わない」。「…しない方がいいと思う」も [I don't think we should . . .]。つまり「…した方がいいとは思わない」と発想転換しよう。語順は「私／思わない／…した方がいいとは」。そして、自分の意見をちゃんと伝えようとする姿勢も大事。どう思うか聞かれたら、I don't know. ではなく、例えば「まだ十分な情報がないと思う」I don't think we have enough information yet. と言うだけでもいい。

Please don't! 「…した方がいい」に、応用範囲の低いhad betterを使わないで

「…した方がいい」はhad betterよりshouldを使おう。had betterは応用しにくいし使用範囲が狭い。確実に広くビジネス・コミュニケーションを成立させるのは、should。「…すべき」だけでなく、「…した方がいいのではないか」との2つの意味をカバーする。きついトーンで言えば前者の意味。普通のトーンで言うと後者の意味になる。

EXPAND ▶ I don't think we should . . .

☐ **1.** そのことは気にする必要ないと思う。

I don't think we should worry about that.

☐ **2.** それにはあまりお金を使い過ぎない方がいいと思います。

I don't think we should spend too much money on that.

☐ **3.** 今すぐにはやらない方がいいと思う。

I don't think we should do it right now.

☐ **4.** 今すぐには決めない方がいいと思う。

I don't think we should decide right now.

☐ **5.** まだみんなには言わない方がいいと思う。

I don't think we should tell everyone yet.

53 That's a good question.
そうですよね。／確かにね。

That's a good question.

It's complex.

SHORT RALLY

☐ **A:** なぜ売上が下がったのでしょうか。
Why are sales down?

☐ **B:** 確かにね。
That's a good question.

☐ **C:** 一概には言えませんね。
I don't think there's one simple reason.

☐ **B:** 複合的な背景があるのでは。
It's complex.

☐ **C:** 先月の雪嵐も大きな原因だったと思います。
Last month's snow storms were a major problem.
でも、こればかりは仕方ありませんでしたよね。
But there was nothing we could do about that.

POINT 英語にチャレンジするからといって
自分のアイデンティティーをねじ曲げる必要はない

外国人とのビジネスでも、必ずしもYesかNoをすぐに決断してはっきりさせる必要はない。世界的に見て、日本だけが優柔不断だというわけでは全くない。とりあえず曖昧に答えておいたり、婉曲的に言ったりすることはどの国でもあり得る。例えば、「あなたのいい方で結構です」の意のIt's up to you. もそう。どんどん使って。また、突っ込んだ質問には、That's a good question. や、There's not one simple answer. やIt depends. 「一概に言えません」で。

 Please don't! 適切な和訳こそ、使い道が明らかになる

多くの失敗の素は、直訳。外国語を一字一句母語に直すこと。例えば、It's up to you. は「あなた次第」という意味ではあまり使われない。実際は「あなたの好きなように進めていいよ」というニュアンス。これは英語のメジャーな表現だから、日本語でもメジャーな表現とリンクさせておかないと、気持ちよく使えない。だから、That's a good question. も「確かに」のような適訳とリンクさせてゲットしよう。

EXPAND ▶ 返答に窮したときの奥の手

☐ **1.** ■選択肢を提示されて　（お好きなように）決めてください。

It's up to you.

☐ **2.** 御社の裁量でお願いいたします。

It's up to you and your company.

➡ この場合の「御社」は you and your company とするのが自然

☐ **3.** 場合によりますね。

It depends.

➡ It depends on ＋人. はあまり使わない。the weather などの方が頻度は高い

☐ **4.** これはケースバイケースですね。

It's a case by case situation.

➡ case by case は、普通、このように形容詞として使われる

☐ **5.** まず最初に徹底的に事実を洗い出してみましょうか。

Why don't we get all the facts first?

➡ I don't think we have enough information. も使える

We're concerned about the weather.

I'm concerned about the schedule!

054 SHORT RALLY

☐ **A:** なぜ今日はもう工事を止めてしまうのですか。
Why are you stopping construction today?

☐ **B:** 天気のことが心配なんですよね。
We're concerned about the weather.
稲光がしているので。
There's some lightning.

☐ **A:** 私は、スケジュールの方が気になっています。
I'm concerned about the schedule!
月末までに終わらせないといけないのですよ。
You have to finish by the end of the month.

☐ **B:** 明日、再開しますし、とにかく全力でやりますから。
We'll start again tomorrow, and we'll do our best.
ご理解いただければ、幸いです。
I hope you can understand.

懸案事項について述べる時は
I'm concerned about . . .

「気になります」はこのフレーズで。問題提起にぴったりな表現。「問題、問題」と騒ぐのでなく、冷静に「あれは放っておけない。どうしたらいいでしょうね」という意味合いで、I'm concerned about . . . 。一方で、I'm worried about . . . もほぼ同じ意味だが、パーソナルなことについて心配している時に I'm worried about my son. のように使う。だから、ビジネスの場面では、I'm concerned about . . . がいい。

 動詞＋前置詞のフレーズは丸ごとゲット

concerned about はワンセットで。これは英語によくある動詞と前置詞のセット。例えば、listen to . . . 、prepare for . . . 、pick up . . . 等と同じ（ただし discuss は about など前置詞が不要な点に注意）。気をつけないといけないのは、［主語＋ be concerned about . . .］の形で使うこと。「予算が気にかかる」は I concern budget ではなく、I'm concerned about the budget.。もう一つ、英会話でも「間（ま）」を利用することができる。この文の後に間をうまくとることで先方から話を引き出すというのは、説得力をもつアプローチになり得る。

EXPAND ▶ I'm concerned about . . .

□ **1.** 費用のことが少し気になっています。

I'm a little concerned about the expenses.

□ **2.** インフレが少し気になります。

I'm a little concerned about inflation.

□ **3.** トムの態度がちょっと気になりますね。

I'm a little concerned about Tom's attitude.

□ **4.** 初期費用ではなく、月額料金が気になります。

I'm concerned about the monthly fees, not the initial fees.

□ **5.** 量ではなく、質が肝だと思います。

I'm concerned about the quality, not the quantity.

➡ このように a little のない形では「肝である」と伝えることもできる

55

It's just a . . .
…に過ぎませんが

055 **SHORT SPEECH**

本日はお時間をどうもありがとうございます。
Thank you so much for your time today.
まず、みなさん、このレポートをお持ちですか。
First, does everyone have this?
まだまだ、たたき台に過ぎませんが。
It's just a draft.
今日、かためていければと思っています。
I hope we can finalize it today.
まず最初のページを見てくださいますか。
Would you look at the cover page?
これは仮のタイトルに過ぎませんが。
It's just a working title.

POINT 相手の思い込みを防ぐ、前置きの言葉

ブレーンストーミングなどでは、まず It's just . . . と始めれば、自分の意見やアイデアを安心してオープンに言える。つまり、まだ決定ではなく「仮に」と伝えるのだ。just は、「…に過ぎない」「まだまだ…」「ほんの…」というニュアンス。基本的な使い方は、It's just . . . / I'm just . . . など be 動詞に続けること。例えば We're just friends.（恋人でなく、ただの友達）。be 動詞以外の一般動詞で使うこともたまにある。例えば、I just made a few corrections.（ほんの数カ所しか直さなかったよ）。しかし、[just ＋一般動詞] は別の意味で使うことが多い（次ページ参照）。

 Please don't! 完全に決定してから話すのではなく
このフレーズでチームワーク作りを

特にビジネスの世界では、保守的なアプローチをとる人が多いかもしれない。けれど、決定に至るまで進捗状況を全くオープンにしないのでは、コラボレーションは成り立たない。この表現で、「まだ未定ですが、…ですよ」「まだ未完成ですけど、…ですよ」ともっとオープンに It's just . . . で進行状況を伝えよう。さらに、問題点を述べるばかりでなく、建設的な代案を出して、みんなのチームワークを引き出そう。

EXPAND ▶ It's just a . . .

☐ **1.** 概算に過ぎませんが。

It's just an estimate.
　➡ estimate はビジネスでは「見積もり」という意味でも頻出

☐ **2.** ただの案ですけれど。

It's just an idea.
　➡ 提案を切り出す時に使える一言。冠詞の an を忘れずに

☐ **3.** 一時的な問題に過ぎません。

It's just a temporary problem.

☐ **4.** ただ可能性を探っているだけです。

We're just researching the possibilities.
　➡ ブレーンストーミングのような場で、いちいちけちをつけてくる人に言ってみよう

☐ **5.** たぶん、引き受けてくれると思います。まあ、推測に過ぎませんが。

I think they'll accept, but it's just a guess.

56 I just . . .
たった今…したところです

I just got your invitation.

056 SHORT RALLY

☐ **A:** もしもし、ZY広告でございます。
Hello, ZY Advertising.

☐ **B:** レイチェル・パークスです。
This is Rachael Parks.
ジムさんをお願いできますか。
May I have Jim, please?

☐ **A:** あ、どうも、レイチェルさん。今、戻ったところです。
Oh, hi, Rachael. I just got back.
で、ちょうど、招待状を受け取ったところです。
And I just got your invitation.
残念ですが、伺うことができないんです。
I'm sorry, but I can't come.

☐ **B:** いいんですよ。
That's OK.

☐ **A:** ごめんなさい。その日はつい先ほど予定が入ってしまったんです。
I'm sorry, but I just made plans on that day.

POINT　「たった今…したところ」はこの表現。完了形はいらない

「今…したところ」「…したばかりです」は文法書が言うほど難しくはない。なぜなら、現在完了形で言う必要はないから。例えば、I've just . . . でなく、[I just＋動詞の過去形.] が一般的になってきた。忙しい職場であればあるほど、この表現の頻度は大。だから、とっさに言えるように、しっかり練習してね。

 Please don't!　このフレーズを生かせるようになるためには、基本の［主語＋動詞.］の発想をしっかりと

just の基本フレーズは、2つ。前ページの「これは…に過ぎない」と、この「…したところ」。この just を使いこなせるかどうかは、文の作り方。「ただの…です」の just は、[主語＋be動詞＋just . . .] の語順。「今…したばかり」「…したところ」の just は、一般動詞と共に使う。just は主語と動詞の間に。例えば、「今、お昼を食べたばかり」なら、「私、just、食べた、お昼を」の語順で。I just had lunch..。もう一つは be動詞が入ること。「今からちょうど…するところ」＝ [I'm just about to ＋動詞.]。例えば、「もう少しで終わるところ」と言いたい時は、I'm just about to finish.。

EXPAND ▶ I just . . .

☐ **1.** 彼ならほんの5分前に会ったばかりだけど。
　　I just saw him five minutes ago.

☐ **2.** ちょうど今あなたのメールを受け取ったところです。
　　I just got your e-mail.

☐ **3.** ちょうど今、出社したところです。
　　I just got to work.
　　➡ 「今、帰宅したところ」は I just got home.

☐ **4.** 今日は土曜日だと今、気がついたばかりです。
　　I just realized it's Saturday.
　　➡ この I just realized (that) . . . も活用しよう

☐ **5.** もう少しで会社を出るところです。
　　I'm just about to leave the office.

It's gotten so . . .
とても…になってきました

It's gotten so difficult.

BANK

It's gotten so strict.

057 SHORT RALLY

☐ **A:** ずいぶん寒くなってきましたね。
It's gotten so cold.

☐ **B:** ええ。冬はいやですね。
Yeah. I hate winter.

☐ **A:** 融資面談のことで緊張してます？
Are you nervous about the loan interview?

☐ **B:** それほどでは。でも、本当に難しくなってきましたからね。
Not really, but it's gotten so difficult.

☐ **A:** ええ、かなり厳しくなってきましたよね。
Yeah. It's gotten so strict.

First
contact

Light
contact

Regular
contact

Heavy
contact

 POINT 完了形はよく使われる表現だけをゲット

「…になってきた」「…になってきちゃった」の自然で使いやすく、通じやすい英語表現を身につけておこう。それは、[It's gotten so . . .]。この「's」は「has」の略。残念ながら、中学校では数多くの現在完了形を一緒くたにして教えてしまうので、英会話に何が必要なのかわかりにくい。でも、このフレーズを生かすために改めて現在完了形をマスターする必要はない。丸ごと、[It's gotten so . . .]で覚えて今日から使おう。たいていは形容詞（hot ／ cold、heavy、strict など）を続ける。

Please don't! 辞書に載っている言葉が全て会話で使えるとは限らない

「なってきた」は、辞書には [has become ／ grown . . .] とあるが、実際は応用性がとても低く、ほとんど使われていない。[It's gotten . . .]で覚えよう。これはいわゆる「スラング」ではなく、一般的に使われる言葉。また、何かを話そうとする度に、丁寧かどうかばかり気にしすぎて、結局何も言えなくなっては本末転倒。もし「丁寧さ」を重要視するなら、最もやりがちなミスだけに目を向けて。例えば、[I want . . .] や [欲しいもの＋please.] など。（p. 59参照）。

EXPAND ▶ It's gotten so . . .

☐ **1.** かなり暑くなってきましたね。

It's gotten so hot.
➡ 「暑すぎる／寒すぎる」なら too より so、または really がいい

☐ **2.** レンタカーはすごく安くなってきましたね。

Rental cars have gotten so cheap.

☐ **3.** 私のデスクはものすごく散らかってきました。

My desk has gotten so messy!
➡ 母 Robin の口癖（Steve）

☐ **4.** このプロジェクト、手に負えなくなってきましたね。

This project's gotten so out of hand.

☐ **5.** 彼はすごく太ってきましたね。

He's gotten so heavy.
➡ 自分について言う場合は、I've gotten so heavy.

58 I got a . . .
…されました／…をもらいました

I got a promotion, but I didn't get a raise.

058 **SHORT RALLY**

□ **A:** サムさん、どうしたのですか？
What's the matter, Sam?

□ **B:** 人事評価をもらったのですが、
I got my personnel evaluation,
ちょっと混乱しています。
but I'm a little confused.

□ **A:** なぜですか。
Why?

□ **B:** 昇進はしたのですが、昇給はしなかったんです。
I got a promotion, but I didn't get a raise.

□ **A:** 本当に？　私は、頑張れと言われただけでしたよ。
Really? I only got a pat on the back.＊

＊get a pat on the back は直訳すると「背中をぽんとたたかれる」だが、「激励の言葉をもらう」の意。「肩たたきされた（退職勧告された）」は、I got fired.。

POINT 「getのフレーズ」は玉石混交。
厳選したダイヤモンドのgetフレーズだけ本書で身につける

「…してもらった」「…された」をgetとリンクして覚えて実際に使えるようになろう。例えば、「昇給してもらった／された」＝I got a raise.。「…された」には、受動態の［was＋過去分詞 by . . .］より、「昇給された」を「昇給してもらった」と考えてgetの過去分詞、gotを使うのが一般的。その他のgetのメジャーなフレーズは、「たどり着く」＝［get＋場所］（p. 196参照）。

Please don't! 「…された」をI got . . .で言えるようになるためには、学校英語の基準を捨てて

「読書が好き」は次のどれが正解？　①In my free time, I read.　②I like reading books.　③I like books.——答えはどれも正解で、こういう三択自体が無意味。確かに学校では正解は一つ。でも英会話では通じれば○。通じなかったり引っ掛かったりすれば×。完ぺきなワンセンテンスをめざすのは、学校英語の世界だけ。グローバル英語の常識は、いくつかの［主語＋動詞.］の聞き取りやすくて言いやすい短文を続けて言うこと。通じない時は、なるべく補足説明をして。

EXPAND ▶ I got a . . .

□ **1.** テキサスの物件にオファーをもらいました。
We got an offer for the property in Texas.

□ **2.** 私は警告ですみましたが、友人は解雇されました。
I got a warning, but my friend got fired.

□ **3.** 昨年は昇給しましたが、今年は減給されました。
I got a raise last year, but I got a paycut this year.
➡ ［got . . .］は主に「…になってしまった」の意。「けがをしてしまった」＝I got hurt.

□ **4.** まず承認してもらわなければなりません。
I have to get approval first.

□ **5.** ■「髪を切る」に「get」の決まり文句を使う　髪を切らなくちゃ。
I have to get a haircut.
➡ get a check-up（健康診断）、get an operation（手術）等［get＋処置］の用法が多い

59 We decided to . . .
弊社は…することになりました

We decided to cancel our order.

SHORT RALLY

☐ **A:** もしもし、PPインクです。フレッドですが。
Hello, PP Ink. This is Fred.

☐ **B:** どうも、フレッドさん。QQ製紙のジョアンです。
Hi, Fred. This is Joan at QQ paper.

☐ **A:** どうも、ジョアンさん。何かご用ですか。
Hi, Joan. How can I help you?

☐ **B:** 実は、弊社のオーダーをキャンセルさせていただくことになりました。
Well, we decided to cancel our order.
大変申し訳ありませんが、他の会社にお願いすることになりまして。
I'm so sorry, but we decided to use another company.

☐ **A:** そうですか……それは残念です。
Oh . . . I'm sorry to hear that.

POINT　相手に残念な知らせをする時、役に立つフレーズ

予定や決まったことを伝えるには、最もポピュラーな未来形の [be going to . . .]。言い方は gonna。例えば、「ウェブページを閉鎖します」なら、We're gonna take down our web page.。でも、相手がそれを残念に思っている場合は、これだとあっさりし過ぎ。そんな時に便利なのが「…することになりました」＝ We decided to take down our web page. の表現。否定文も簡単だから併せて覚えて。[We decided not to ＋動詞.]。

Please don't!　「…することになった」「…することにした」の違いを 直訳しようとしないで、簡単に工夫すれば OK

「…することになった」とまるで第三者が決めたようなニュアンスを伝えるには、主語を I でなく、We にすれば OK。つまり「会社が決めたこと」とよりソフトに伝えられる。もちろん、自分で決めたことは、I . . . で言っても失礼ではない。だから僕も、このとっておきのフレーズを扱うことにした。I decided to introduce this phrase.。:)

EXPAND ▶ We decided (not) to . . .

□ **1.** オンラインショップを閉鎖することになりました。
We decided to shut down our online store.
➡ We're going to で文を始めても同じ意味

□ **2.** とりあえず見送ることにいたしました。
We decided not to do it right now.

□ **3.** 展示会には出席しないことになりました。
We decided not to go to the convention.
➡ attend、take part in より go to が自然でより広く使える

□ **4.** テレビではなくネットで宣伝することに決めました。
We decided to advertise online instead of on TV.

□ **5.** 転職することにしました。
I decided to go to another company.
➡ 転職を知らせる以外に、job offer（採用）を断る時にも使える

We had a big meeting last week.

SHORT RALLY

☐ **A:** 御社は、調子はいかがですか。
How's everything going with your company?

☐ **B:** まあまあですね。先週、大きな会議があったのですが。
Not bad.* We had a big meeting last week.
社長が「今月は素晴らしかった」と言っていました。
And the president said "We had a great month."

☐ **A:** 良かったじゃないですか。
That's good.

☐ **B:** だけど、だれも昇給しなかったのですよ。
But nobody got a pay raise
今年は業績の悪い四半期が2期あったから。
because we had two bad quarters this year.

☐ **A:** 仕方ないですね。
Oh, well.

＊Not bad. は「まあ悪くないよ」。so-so を「まあまあいいよ」の意味で使っている人が多い
けど、これは本当は「あんまり良くない」の意。

POINT　基本動詞の **have** はこう底力を発揮させて

We had . . . というのは、「あった」「行った」「開かれた」「過ごした」の
4つの意味で覚えてください。直訳にこだわる人は、これらを表すのに
there is や held や opened や spent などを使い分けたがるけれど、その
必要はない。この4つは応用範囲が狭いし、書き言葉に用いられがちな言
い方。日常会話では、had。「会社に…がありました」はWe had . . .。

Please don't!　表現はシンプルに
それがビジネス・コミュニケーションの極意

長い、厄介な英文それ自体がビジネス英語なのではない。短文をタイム
リーに正確に話せる人が世界の舞台では勝つ。「昨年、いろいろな変更が
ありました」を「昨年、大規模な変革を経験した」という必要は全くな
い。つまり、「Our company . . . held? . . . あれ? . . . experienced?
. . . あれ? . . .」と一生懸命、一文だけに力を入れるのではなく、効率よ
く、We had a lot of changes last year. と言えばOK。その後、また
短文でそのchanges が何だったかをわかりやすく話せたら、相手にと
ってとてもわかりやすいし、それが素晴らしいビジネス・コミュニケー
ション。

EXPAND ▶ We had . . . （過ごした）

□ **1.** ■期末に振り返って　この四半期は本当に大変でした。
　　We had a really difficult quarter.

□ **2.** 最近、ちょっとリストラがありました。
　　We had some cutbacks lately.

□ **3.** 今年は社内にいろいろな変革がありました。
　　We had a lot of changes at our company this year.
　　➡ restructuring（リストラ）の本来の意味「再構成」はこうも表現できる

□ **4.** 弊社で明日クリスマスパーティーを開きますが、お越しになれますか。
　　We have a Christmas party tomorrow. Can you come?

□ **5.** 今朝、長くて退屈な会議がありました。
　　I had a long, boring meeting this morning.

143

あなたのオフィス
（広告／ウェブページ）はどうですか。

▼ ▼ ▼

What do you think about your office (company's advertising/company's web page)?

悪い例

▼

Q ▶ What do you think about your office.?

え？

一俊 ●印刷会社　経理

Q ▶ What do you think about your company's advertising.?

えーと、こういう時、何て言えばいいの？

美津子 ●出版社　編集

Q ▶ What do you think about your company's web page.?

We began our web page 17 months ago. 2,000 people view our web page everyday.

幸彦 ●広告代理店　クリエイティブ・ディレクター

自分の仕事内容や仕事環境についてのコメントを言えるようにしよう

ビジネスシーンではいつも「○○さん、どう思いますか？」と聞かれることを覚悟しよう。もちろん、このレギュラー・コンタクトの間柄では、自分の身の回りの事柄が話題になることが多い。でも、日常的にも What do you think about . . .? は常にチャットの糸口。日頃から、練習することが大事。「オフィス環境」「会社の新しい方針やプロジェクト」「同僚や上司」、あるいは「現在進行中の仕事内容」などについて、いつも自分の意見やスタンスをはっきりさせておくことが肝心。そして、それを相手にわかりやすく説明できるようにしよう。

ここに注意！！

ビジネスシーンで What do you think about . . .? と聞かれて、「どう思うかって？何について？」と戸惑う人は多い。でも、日常的な付き合いの中でも「どう？」の意味で「What do you think?」と印象を尋ね合うことはよくある。まず大切なのは、深く考え過ぎて言葉も答えも出てこないのは NG。相手も気軽に聞いているのだから、直感的に思ったことを一言言う。しっかりした意見にならなくても大丈夫。まずトークとして自分の印象を述べよう。もちろん、日頃から、自分の身の回りを見渡して、感じたことや考えていることを簡単にまとめていく練習が必要。

ここに注意！！

「何て言えばいい？」とお手本みたいなものを探したがる人は多い。でも実際の会話にお手本はない。だからダイアログを暗記するのはナンセンス。「どう？」「一言ください」と頼まれて、日本語で自分の一言をまとめたり、感想や意見を言うトレーニングをしよう。必ずしも問題意識を働かせて悪い面ばかり指摘する必要はない。思いきりほめることだって「もっと考える時間が必要」だって感想や意見の一つ。極端に言うと「思いつきの印象」でもいい。躊躇しないで言ってみよう。

ここに注意！！

ここまで英語で語ることができたら大したモノだとも言えるが、「どう思う？」の答えには全然なっていない。ただ背景やデータを叙述しているだけ。例えば、「今のアメリカの大統領はどう思う？」と聞かれ、The American president is Mr. . . . なんて答えたらおかしいよね。重要なのは、少しでも自分の印象、感想を入れること。また、理想は「理想の姿」を語ること。つまり、「こうすればもっといいのですが」と I think we should . . . で表現できればベスト。とにかく相手にとって、new information を伝えることがポイント。

あなたのオフィス
（広告／ウェブページ）はどうですか。

▼ ▼ ▼

What do you think about your office
(company's advertising/company's web page)?

オフィスビル自体は好きですね。新しいし、何もかもきれいです。だけど、立地があまり便利でないんですよね。駅の近くですが、メインな駅ではないし、みんな、2回か3回も乗り換えないといけないんです。都市部に引っ越しした方がいいと思いますね。

25 sec.

> I like our office building. It's new and everything is clean. But the location isn't really convenient. We're near a small train station. It is not a major train station. Everyone has to transfer trains two or three times. I think we should move to the center of the city.

そうですね、私は広告の専門家ではないけど、テレビでCMをもっと打つべきだと思います。だれも弊社のことを知らないし、クライアントに話しても、ほとんどみんな、弊社の名前を知らないんですよ。だから、だれか有名な人を起用して面白いコマーシャルを作った方がいいと思いますね。

30 sec.

> Well, I'm not an advertising expert, but I think we should advertise on TV. No one knows about our company. I talk to clients and most clients have never heard of our company. So I think we should hire a famous person, and we should make an interesting commercial.

弊社のウェブページはわかりやすいけれど、利用価値は低いですね。電話番号と会社概要はわかるけど注文はできないし、記録もチェックできません。ウェブページは顧客にとってのツールにならないとね。

20 sec.

> I think our web page is easy to understand, but it's not useful. People can see our telephone number or our company profile. But they can't order things. They can't check their records. I think the web page should be a tool for our customers.

Power Words & Phrases 40
61～100

ごく頻繁に接する人と
信頼しあえるコミュニケーションを
とっていくために

We can use this room [   ].

「とりあえず」ってどう表現すればいい？

61

for now
とりあえず

We can use this room for now.

It's OK for now.

061 SHORT RALLY

☐ **A:** どこで話しましょうか。
Where should we talk?

☐ **B:** 実のところ、今朝は会議室がすべて予約済みなのです。
Actually, all the meeting rooms are booked this morning.
とりあえずこの部屋は使えますけれど、ずいぶんせまいですね。
We can use this room for now, but it's so small!

☐ **A:** とりあえず、大丈夫でしょう。
It's OK for now.

☐ **B:** では、おかけください。上司を呼んでまいります。
Well, have a seat. I'll get my boss.

☐ **A:** ありがとう。
Thanks.

☐ **B:** とりあえず、レポートに目を通されていてはいかがですか。
Why don't you look over the report for now?

POINT とっくに知っていた簡単な英語を、最大限生かそう

「とりあえず」を英語で言うのは簡単。for now を足すだけ。しかし、間違えてはいけないのは、必ず［主語＋動詞］の文に付けるということ。「とりあえず大丈夫」は決してOK for now. でない。「何が」OKか、主語をつけよう。「結構です」と断るニュアンスの「私はとりあえず大丈夫」は、I'm OK for now.。一時的なOK を出す「それはとりあえず大丈夫です」なら、That's OK for now.。

Please don't! 英語は学校英語で教わったものほど厳しくない

冠詞・前置詞・発音は少しぐらい間違っていても通じる。しかし、間違っていると通じないものもある。それは英語の語順。英語では、センテンスの頭にくるものと文末にくるものがしっかり決まっている。つまり、常に［主語＋動詞］で文を始めよう。時間と場所を表す言葉は日本語とは反対に文末に置くこと。だから、「とりあえず大丈夫」は、英語的な発想なら、「これは、大丈夫、とりあえず」で、This is OK for now.。For now は文頭でも使えるが、その後にポーズを置こう。

EXPAND ▶ for now

□ **1.** とりあえず、これでよろしいでしょうか。
Is this OK for now?

□ **2.** とりあえずこちらで検討させていただけますか。
Can we think about it for now?

□ **3.** ■Would you like . . . ? 「…はご入り用ですか」と聞かれて　とりあえず大丈夫です。
I'm OK for now.
➡ レストランでもよく使う、ソフトに断る時の表現

□ **4.** とりあえず、ちょっと相談しませんか。決めるのは後にしましょう。
Why don't we just talk for now? We'll decide later.

□ **5.** とりあえず以上です。
That's all for now.

62 on time
時間通りに／間に合う

We have to start on time!

I promise I'll be on time.

062 SHORT RALLY

□ **A:** 明日は重要なミーティングがあります。
We have an important meeting tomorrow.
時間通りにお願いします。
Please be on time.

□ **B:** 10時からですよね。
It starts at 10, right?

□ **A:** 違いますよ。9時です。
No! It starts at 9 a.m.

□ **B:** わかりました。すみません。
OK. I'm sorry about that.

□ **A:** 時間通りに始めないといけませんからね！
We have to start on time!

□ **B:** 絶対に遅れないようにします。
I promise I'll be on time.

＊「間に合う」には in time もあるが、そちらは「ギリギリ間に合う」というニュアンス。

POINT ビジネスは**Time is money.**、時間のことを簡単に、しっかり確認できるようにしよう

on time は「時間通り」の意。よくある使い方は、[be動詞＋on time]。「時間通りですか」「時間通りに間に合いますか」は、Will it be on time?。わざわざarrive、come などを使って「着く」と言わなくても、[be動詞＋on time] で簡単に言える。会議やイベントが「時間通りに始まる／終わる」はstart／finish on time。ちなみに「遅れる」は [be動詞＋late] で表現する。

 日本語感覚で、英語を単語単位で話してはだめ

「大丈夫？」をOK?と聞いてはいけないように、「時間通り？」をOn time?と尋ねるのは、語尾を上げてみたところでだめ。この先の納品・配達について聞くなら未来形のWill it be on time?、過去のことならWas it on time?。日本語には一語で言える表現がいろいろあるが、英語はセンテンスで話す必要がある。素晴らしい英単語をゲットするだけでは意味がない。家に例えれば、立派な屋根も壁がないと意味をなさないのと同じ。だから、「時間通りですか」は主語と動詞を省かずに言おう。

EXPAND ▶ on time

☐ **1.** 時間通りに間に合うでしょうか。
Do you think it'll be on time?

☐ **2.** 大変申し訳ありませんが、間に合いそうにありません。
I'm so sorry, but it won't be on time.

☐ **3.** お聞きしてもよろしいですか。なぜ、間に合わなかったのですか。
May I ask ... Why weren't you on time?
➡ May I askと疑問文をポーズで分けると文法的に簡単

☐ **4.** 時間通りに終えられるといいですが。
I hope we can finish on time.

☐ **5.** 納品が期日に間に合わなかったらどうします？
What if the delivery isn't on time?

63 transfer
乗り換える／振り込む／転送する／転勤する

I got transferred to Siberia last month.

063 SHORT RALLY

☐ **A:** もしもし、経理部ですか。
　　Hello? Is this the Accounting department?

☐ **B:** いいえ。転送いたしますので、少々お待ちください。
　　No. I'll transfer you. Just a moment, please.

☐ **C:** もしもし、経理部でございます。
　　Hello, Accounting.

☐ **A:** もしもし、スコット・トンプソンと申します。
　　Hi. This is Scott Thompson.
　　先月シベリアに転勤になった者ですけれども。
　　I got transferred to Siberia last month.
　　給与をシベリアの銀行に振り込むことは可能ですか。
　　Can you transfer my salary to a bank in Siberia?

POINT このようなパワフルな動詞で、表現力を確実にアップ

transferの例文を見て「へぇ、勉強になる」で終わらせるのでなく、実際に表現力をアップさせるには、日本語で言いたいことを英語でどう言うのか練習してみよう。そして、「振り込み」「乗り換え」「転勤」「電話の転送」などを言いたい時に、とてもパワフルな動詞transferをとっさに操れるようになろう。そのためには肯定文だけでなく否定文・疑問文も作って練習してみること。

 「乗り換える」はchangeではなく、transferが広く使える

単に同じホームで違う電車に簡単に乗り換えるだけならchange trainsと言えるが、transferは路線の変更など、より幅広い「乗り換え」に使えるのでお勧め。なお、自分の国には当たり前にあるものでも全世界にあるわけではない。日本のように電車が日常的に利用されている国では「定期券（monthly pass）」がどんなものか説明不要でも、車社会では通じない。自身や自社についても、一語や一文で伝えようとするのではなく、説明を補足すること。それがグローバルなコミュニケーションに必要な認識と会話術。

EXPAND ▶ transfer

☐ **1.** いつ振り込んでくださいましたか。
When did you transfer it?

☐ **2.** ユニオン駅で乗り換えないといけませんよ。
You have to transfer at Union Station.
➡ 「どこで乗り換えればいい？」なら Where should I transfer?

☐ **3.** ■他部署にかけてしまった時に　これを転送していただくことは可能ですか。
Can you transfer my call?

☐ **4.** ロンドンに転勤になるとうれしいですね。
I hope I get transferred to London.

☐ **5.** 海外に飛ばされないといいのですが。
I hope I don't get transferred abroad.

run
64
担当する／経営する／運営する

> May I ask . . .
> What do you do?

> I run my company's online store.

064 **SHORT RALLY**

☐ **A:** 長い列ですね。
   It's a long line, isn't it?

☐ **B:** ええ。1時までに仕事場に戻れるといいんですけど。
   Yeah. I hope I can get back to my office by 1.

☐ **A:** 私もです。ところで、お尋ねしてもよいでしょうか。
   Me too. By the way, may I ask . . .
   お仕事は何をなさっているのですか。
   What do you do?

☐ **B:** 自社のオンラインストアの管理をしています。有機食品を販売している会社です。
   I run my company's online store. We sell organic food.

☐ **A:** そうなんですか。私はTFスーパーマーケットの本社に勤務しています。
   Really? I work at TF Supermarket's headquarters.

☐ **B:** そうですか。御社のIT部門の責任者はどなたですか。
   Is that right?* Who runs your IT department?

☐ **A:** 実はちょっとわかりません。
   Actually, I'm not sure.

＊Is that right? はReally? より軽く相槌をうつ時の言葉。

154

POINT runの肯定文も疑問文もちゃんとゲットしよう

runは、「経営する」「運営する」だけでなく「担当する」の意味でも使われる便利なパワーワード。使いこなすためには、疑問文や否定文などで例文を作って練習しよう。特にWho runs . . . ?（…のご担当はどなたですか、…部の責任者はどなたですか）は便利。もっとソフトに聞くなら、May I ask who runs . . . ?「お尋ねしたいのですが、どなたが…のご担当ですか」（*p.* 40参照）。

 Please don't! 自己紹介では会社や部署ではなく
あなた自身について話そう

自己紹介では、自分の仕事の内容をまず説明するのが一般的。What do you do? と聞かれて、ただ会社名と部署名を言うだけでは物足りない。お互いの仕事の内容を紹介しあうことが大切（*p.* 38参照）。たとえ、Where do you work? と聞かれても、社名に頼らずに、「…をしている会社です」と説明する。例えば、I work at a graphic design company.「グラフィックデザインの会社で働いています」で終わらせないで、We design newspaper ads and posters.「新聞広告やポスターをデザインしている会社です」のように、していることを具体的に言えると理想的。

EXPAND ▶ run

☐ **1.** 私はタイラー証券でマーケティング部を担当しております。

I run Marketing for Tyler Securities.
➡ 自己紹介にぴったり

☐ **2.** 貴部署の責任者はどなたですか。

Who runs your department?

☐ **3.** 妻は経理部長をしております。

My wife runs the accounting department.
➡ 「私は専業主婦」なら、I run the household for my family.

☐ **4.** ハワイで、ラーメン店を経営しています。

I run a noodle shop in Hawaii.
➡ 最近はそのまま ramen shop と言うことも多い

☐ **5.** ■ジョーク　私はコピーと食料の使い走りだが、何も担当していない。

I run for copies. I run for food, but I don't run anything.

65 organize
整理する／片付ける

I'll organize the questionnaires with you.

SHORT RALLY

☐ **A:** リンダさん、どうも。調子はどうですか。
Hi, Linda. How are you doing?

☐ **B:** 忙しいですよ。あなたはどうですか。
Busy, and you?

☐ **A:** 私は少し余裕がありますよ。手伝いましょうか。
I have some free time. Would you like some help?

☐ **B:** そうですね、とりあえず自分のデスクの整理をしないと。
Well, I have to organize my desk for now.
それから、アンケートの回答がたくさん戻ってきていますし。
And we got a lot of responses to the questionnaires.
だからそれも整理しなければ。
So I have to organize them too.

☐ **A:** 私がアンケートの整理を手伝いましょう。
I'll organize the questionnaires with you.

POINT organizeを広く活用しよう

organizeは、動詞だけでなく、organizedの形で「きちんとした」「整頓された」という意味の形容詞としてもよく使われる。She's not organized. は「整理整頓が下手だ」や「きちんとしていない」。organizeを辞書の1つ目の意味のまま「組織作りをする」の意味だけに限定しないで。そして、英会話上達のためのアドバイスは、"Organize your message in Japanese first."（最初に日本語で言いたいことを整理すること）。

Please don't! デスクを「片付ける」にcleanはあまり使わない

clean は動詞としては、雑巾とバケツが要るような「ふき掃除」にしか使わないから、あまり応用性は高くない。むしろ、形容詞として、「これ、きれい？　それとも汚い？」Is this clean or dirty? と聞くような場合が多い。また、産業界・政界での「取引」が「正当」とか「不当」とかいう場合に、clean、dirtyの形容詞が当てはまる。散らかったものを「片付ける」時にたまに clean up を使うが、organize で表現の幅を広げよう。例えば、I need to organize ／ clean up my desk.。

EXPAND ▶ organize

☐ **1.** 普段は書類とファイルの整理をしています。

Usually, I organize the paperwork and files.

➡「一般事務」は例えばこのように説明するといい

☐ **2.** この書類を整理していただけますか。

Would you organize these papers?

☐ **3.** まず、自分の考えをまとめないと。

I have to organize my thoughts first.

☐ **4.** 今、机の上がちらかっています。

My desk is not organized now.

☐ **5.** 整頓は成功の鍵。

Organization is the key to success.

➡ organization は organize の名詞形。私の高校の先生はよくこう言ったが…… (Steve)

優先順位をつける／優先する

> Why don't we prioritize the list?

066 SHORT RALLY

□ **A:** 始めましょうか。
　Why don't we get started?

□ **B:** オーケー。しなければならないことが16ぐらいあります。
　OK. We have about 16 things to do.
　はい、リストをどうぞ。
　Here's the list.

□ **A:** リストに優先順位をつけませんか。
　Why don't we prioritize the list?

□ **B:** いい考えだね。
　Good idea.

□ **A:** まず契約書を決定版にした方がいいでしょうね。
　I think we should finalize the contract first.

不思議な力を持っている -ize

prioritize には２つの意味がある。「優先化」つまり「早めにやること」、そして「優先順位をつけること」。もともとこの言葉は priority「優先」の末尾に -ize をつけて動詞化したもの。-ize は「…化する」に相当。これは、動詞化する接尾辞で、次のようなものがある。例えば、「安定した」stable は、「安定させる」stabilize。「要約」summary は、summarize とすると、「要約する」の意味になる。「決定版」は final だが、「決定する」は finalize。

 漢字熟語をそのまま英訳しないで

「マスコミ界」は Mass Communications World では通じないし、「大学芋」も university potato では通じない :) なぜなら、漢字感覚の言葉作りは英語に合わないから。もちろん、言ってみて通じるものもあるかもしれないし、日本のことを紹介する一つのステップになる場合もあるから、どんどん話してみよう。通じなかったら、補足説明で必ずフォローしよう。その時は、単語でなくて、センテンスでね。

EXPAND ▶ -ize

□ **1.** これを優先してくださると大変幸いに存じます。

I'd really appreciate it if you prioritized this.

□ **2.** 私が納期によって優先順位をつけておきましょう。

I'll prioritize these according to their delivery dates.

□ **3.** 来年の予算をいつ最終決定するのですか。

When are you going to finalize next year's budget?

□ **4.** これを大至急最終版にしていただけるとうれしいです。

I hope you can finalize this ASAP.

➡ ASAP は as soon as possible の略

□ **5.** 話し合った事柄をまとめていただけますか、念のために。

Would you summarize our agreement, just in case?

67 miss
…し逃す／不在で申し訳ない

> You missed some really boring speeches.

067

SHORT RALLY

☐ **A:** 遅刻してすみません。バスに乗り遅れちゃって。
I'm sorry I'm late. I missed my bus.

☐ **B:** また？　昨日も乗り遅れていましたよね。
Again? You missed your bus yesterday, too.

☐ **A:** ええ。申し訳ありません。
Yeah. I'm sorry about that.
で、ここで何か聞き逃してしまいましたか？
So what did I miss here?

☐ **B:** すごくつまらないスピーチを聞き逃しただけですよ。
You missed some really boring speeches.

☐ **A:** じゃ、何も聞き逃さなかったっていうことですね。
So, I didn't miss anything.

POINT

missを広く活用しよう

miss は、「…しそびれる」の意味。応用性が高い。単に「電車に乗り遅れた」＝I missed the train. から、「相手のプレゼンに出席できなかった」＝I missed your presentation. まで。たいていは過去形によく使う。また、「…してくださったのに、不在ですみません」もmissで表せる。例えば、「お電話いただいたのに、不在ですみません」＝I'm sorry I missed your call.。一方、skip は「飛ばす」「さぼる」の意。I skipped breakfast. は、「朝食を抜かしちゃった」。意図的に「抜かす」のがskipで、予定外に「し逃す」「…しそびれる」＝miss とは違う。

 失礼のお詫びは、「ごめんなさい」だけで終わらせないで

英語式のお詫びはまず「ごめんなさい」＝I'm sorry about that. などで丁寧に謝る（*p.* 29参照）。そして、その理由を続けて説明することが大事。この時、miss は便利。つまり、「…を逃した／…しそびれてしまった」ことを説明できるから。どんなに真剣な顔と反省している声でI'm sorry. と言っても一言だけでは誠実さは伝わらない。ちなみに日本語の「ミス」はmistake という名詞で表現する。

EXPAND ▶ miss

□ **1.** 電車に乗りそこなったので、タクシーで来ました。

I missed the train, so I took a taxi.

➡ [took＋交通手段] ＝「…で来ました、…に乗りました」

□ **2.** 昨夜ニュースを聞き逃したんだけど、AMC社に何があったの？

I missed the news last night. What happened to AMC?

□ **3.** 飛行機に乗り遅れたらどうしますか。

What if you miss your flight?

➡ Robin がいつもSteve に言うフレーズ（Robin）

□ **4.** お電話をいただいたのに、不在ですみません。

I'm sorry I missed your call.

□ **5.** ご来社いただいたのに、不在で本当に申し訳ありません。

I'm so sorry I missed your visit.

68 charge for . . .
請求する／課金する

Do you charge for this?

068

SHORT RALLY

☐ **A:** はじめまして。トニーです。オフィス・マネジャーをしています。
　　 Hi. I'm Tony. I'm the office manager.

☐ **B:** こんにちは。モート・セキュリティのミッキーといいます。
　　 Hi. I'm Mickie from Moat Security.

☐ **A:** お尋ねしたいのですが、これは別料金ですか。
　　 May I ask . . . Do you charge for this?

☐ **B:** いいえ。弊社では、緊急対応にしかご請求いたしません。
　　 No. We only charge for emergency visits.
　　 これは、ただの月例検査ですから。
　　 This is just a regular monthly inspection.

☐ **A:** わかりました。もし何かございましたら、お知らせください。
　　 I see. If you need anything, please let me know.

First
contact

Light
contact

Regular
contact

Heavy
contact

POINT 動詞として、自由自在に使うならこの2つ
charge for . . . /charge per . . .

チャージ＝料金としてすでになじみのある言葉かも。でもchargeは、名
詞としてよりも動詞としての方がよく使われる。[charge＋物]「…を
充電する、(ICカードなど) に入金する」はぜひ覚えて。前置詞とセッ
トで使う。[charge for＋物やサービス][charge per＋仕事の区切り
(hour／day／project)] も使える。例えば、「弊社は、…に料金をい
ただきます」＝We charge for . . .、「時間単位で課金します」＝We
charge per hour. など。

 聞くは一時の恥、聞かぬは一生の……

ビジネスパーソンのみならず、大人だったらだれでもきちんと確認すべ
きことがある。それは、料金。聞かないで我慢するのはトラブルのもと。
「…に料金はかかりますか」は、How much . . .? やIs it free? よりも、
Do you charge for . . . ? できちんと尋ねよう。確かに、お金のことを
聞くのは気が引けるもの。ソフトに、かつ品よく尋ねるには、このフレ
ーズの前にMay I ask . . . を付ければOK (*p.* 40参照)。大きな取引・
海外での生活・旅行、どんな場面でもこの表現が使える。

EXPAND ▶ charge for ／ per . . .

☐ **1.** お見積もりに料金はかかりますか。

Do you charge for estimates?

☐ **2.** 料金は日割りで、それとも時間単位でのご請求になりますか。

Do you charge per day or per hour?

☐ **3.** 料金はプロジェクト単位でいただきます。

We charge per project.

☐ **4.** 初回のご相談は無料です。

We don't charge for the initial consultation.

☐ **5.** 保証期間中ですので、この件に関して費用は発生いたしません。

This is still under warranty, so we don't charge for this.

69
a lot of
数多くの／いろいろな／かなりの

We lost a lot of money.

Complaints

069 **SHORT SPEECH**

今日はお時間をどうもありがとうございます。
Thank you so much for your time today.
調査結果をお配りいたします。
Here are the results of the survey.
多くの方がわれわれのブランドに好感をもっていると回答しました。
A lot of people said they liked our brand.
また、少数ながら、デザインが気に入っているとの回答もありました。
And a few people said they liked the design.
しかし、多くの方からたくさんのさまざまなクレームも寄せられており、
But a lot of people had a lot of different complaints.
われわれの損失はかなりの額でした。
And we lost a lot of money.

164

POINT　muchとmanyより通じる力をアップさせる言葉

「たくさんの…」と言いたい時は、much と many の代わりに a lot of を使おう。例えば、We spent much money. ではなく、We spent a lot of money.。much や many はたいてい so much や so many のように他の語と組み合わせて使うのがコツで、単独ではあまり使わない。それに、どんな文とでも相性がいいわけではない。一方、a lot of はオールマイティーで使い勝手がいい。

　英文法を全部やり直す必要はない
一握りの大事なものだけマスター

残念ながら、通常の英文法書は、全ての文法をそのまま紹介しているだけ。話すための基本技はその中でもほんの一握り。メジャーなものとマイナーなものとを区別しておかないと、全ての英文法項目が、強い縛りのように感じられてしまう。本当は、a lot of grammar に詳しくなるよりも、この a lot of のような裏技を覚えれば楽になる。

　a lot of は、「アラタ」か「アララ」。これだけオールマイティーな言葉も、「アララ」で簡単に覚えられます。

EXPAND ▶ a lot of . . .

☐ **1.** 多くのネット企業が財政的な問題を抱えています。
A lot of Internet companies have financial problems.
➡ [a lot of ＋可算名詞] の例

☐ **2.** 未解決の課題がまだ山積みです。
We still have a lot of issues to resolve.

☐ **3.** 減給された人がたくさんいましたし、中には解雇された人もいました。
A lot of people got paycuts, and some people got fired.
➡ people には many を使うことも可能だが、a lot of の方がベター

☐ **4.** その口座には預金がかなりあります。
There's a lot of money in that account.

☐ **5.** 弊社とセラーズ氏との間にはずいぶんいざこざがありました。
We had a lot of trouble with Mr. Sellers.

Are you going somewhere?

070 SHORT RALLY

☐ **A:** 手をお貸ししましょうか。
Would you like some help?

☐ **B:** 大丈夫です。どこかへお出かけですか。
I'm OK. Are you going somewhere?

☐ **A:** ええ。TT カフェに行くところです。何かいりますか。
Yeah. TT café. Would you like something?

☐ **B:** そうですね、ダイエット飲料はありましたっけ？
Well, do they have diet drinks?

☐ **A:** よくわからないけれど、たぶんダイエット・コーラがあると思いますよ。
I'm not sure, but I think they have diet cola.

☐ **B:** では、ダイエット・コーラとチーズケーキをお願いできますか。
OK. May I have a diet cola and some cheesecake?

POINT　someとanyの使い分けに悩まないで　anyはマイナー。someで通そう

「疑問文にはany」なんて決まっていない。むしろ、多くの場合は「some」の方が使われる。someかanyか使い分けに迷ったらsomeで通すと決めておけばまず大丈夫。例えば、傾向として「尋ねる時の気持ちが半信半疑のような場合はanyで」とは言えるが、それは使う際のアドバイスとしては役に立たない。つまり、その場の状況に応じてとっさにどちらを使うか判断しようとしても迷うだけだ。疑問文にもsomeで通していこう。

Please don't!　「例外マニア」にならないで

否定文にはsomeでなく、anyと習ったかもしれないが、たいていの否定文にはanyをわざわざ入れなくてもOK。例えば、I don't have windows in my office. の文にはanyがあっても、なくても自然。だったら、わざわざ英文法の悩みを増やすより、すっきりと整理して、特定のanyの決まり文句だけゲット（p. 102）。今日からはもうsomeとanyについて悩む必要はない。僕が日本語を話せるようになったのも、文法などのマイナーな項目や例外に頭を悩ませるのをやめて、迷わず積極的に使うようにしてきたから（Steve）。

EXPAND ▶ some

□ **1.** 明日、お時間ありますか。

Do you have some time tomorrow?

□ **2.** コーヒーはどこに行けば買えるのでしょうか。

Where can I get some coffee?

➡ 食べ物や飲み物の前にsomeを置いて、冠詞のように使われることも多い

□ **3.** ■いつもと様子が違うので　何かありましたか？

Is something wrong?

➡ What's wrong?、What's the matter? なども使える

□ **4.** 経理の経験がある人をどなたかご存じではありませんか。

Do you know someone with accounting experience?

□ **5.** 自販機で何か要りますか。

Would you like something from the vending machine?

71 already

すでに…です／もう…ですか

You're going home already?

I finished everything already.

SHORT RALLY

☐ **A:** もう帰るの？
　You're going home already?

☐ **B:** ええと、6時半ですし、もうすべて終えてしまいましたから。
　Well, it's 6:30, and I finished everything already.

☐ **A:** 報告書はどうなってるのかね？
　What about the report?

☐ **B:** もうメールでお送りしましたが。
　I e-mailed it to you already.

☐ **A:** 本当かね？　ああ、そのようだね。ごめん、ごめん。
　Really? Oh you're right. Sorry about that.

☐ **B:** いえ、別に。お疲れさまです。
　Don't worry about it. See you tomorrow.

☐ **A:** お疲れさま。
　See you tomorrow.

POINT　英文法の迷路から脱出するための裏技

「もう…です」は already を使うが、文のどこに入れるか悩むと言葉に詰まってしまう。「already は一般動詞の前か be 動詞の後」と習ったかもしれないが、それは一つの習慣に過ぎず鉄則ではない。実はほぼいつでも文末に置けるのだ。これで自然な英文をすぐに言えるようになる。英会話ペラペラへの道はマラソンに似ているけれど、近道がある時にわざわざ遠回りをする必要はない。だから、already は迷ったら文末に置いて、一日でも早く英語ペラペラになろう。

 yet、still、already の3つを混同しないで

英会話の練習をする際、しっかり身につく練習方法は「母語から外国語に」置き換えること。yet、still、already の違いを3つの英語の例文で学ぶより、日本語に切り替えて。否定文の「まだ…はない」は not yet、「まだ…です」は still。「もう…だ」は already と整理すれば、英文作りはぐんと楽になるはず。下記の「もう…」の練習以外に、「まだ…」の文を日本語で作って、自分で英語に置き換えてみて。

EXPAND ▶ already

□ **1. もう契約書は最終版にしたのですか。**

Did you finalize the contract already?
　➡ yet を使って、Have you . . .? と言うこともできる

□ **2. もうタイムカードは押しましたか。**

Did you punch out already?
　➡ Did you punch your time card already? などとも言える

□ **3. ロジャーにはもう言いましたか。**

Did you tell Roger already?
　➡ この文は already を yet に替えても同じ意味になる

□ **4. その点については、もう話し合いました。**

We talked about that already.

□ **5. 領収書がもう整理されているとうれしいのですが。**

I hope the receipts are organized already.

72 ~with...
…のある～／…のついている～

I think we need someone with experience.

We need someone with a lot of energy.

New Employee

072 **SHORT RALLY**

☐ **A:** 元気な人が必要でしょう。
We need someone with a lot of energy.

☐ **B:** 職務経験のある人が必要だと思うな。
I think we need someone with experience.

☐ **A:** 職務記述書を見せていただけますか。
May I have the job description please?

☐ **B:** どこにありましたっけ？
Where was it again?

☐ **A:** 赤いラベルが付いたファイルの中です。
In the file with the red label.

☐ **B:** ああ、はい。どうぞ。
Oh, here you are.

POINT 「…のある〜」「…付きの〜」を簡単に言うには

ペラペラビジネスを実践できるようになるためには、なるべく厄介な文法の構文をゴミ箱に捨てること。その代わりに十分に丁寧で自然かつシンプルな構文をゲットしよう。例えば、「テレビのある車」を a car that has a TV とか、「テレビが設置されている車」を a car which is equipped with a TV とか、小難しい言い方にしなくてもいい。わざわざ複雑な文や関係代名詞を使うのはナンセンス。その代わりに、with で。「XのあるY」だったら [Y with X]。「テレビ付きの車」は a car with a TV のように言えばいい。

Please don't! 日本語サイドの語順の発想を変えないと

X with Y と言う時、一つだけ注意したいのは発想法。日本語の場合は「Wi-Fi対応の事務所」のように言うが、この with を使う時は、先に「事務所」、つまり、修飾されるものを先に言う。「事務所、ついてるよ、Wi-Fi」の語順で、an office with Wi-Fi になる。また、「赤いネクタイをしている男」なら、「男、つけているよ　赤いタイ」＝ the man with the red tie。

EXPAND ▶ 〜 with . . .

☐ **1.** 青いラベルが付いたファイルをいただけますか。
   May I have the file with the blue label?

☐ **2.** 赤いジャケットを着ている男の人があなたの車の鍵を持っています。
   The man with the red jacket has your car keys.

☐ **3.** カメラを内蔵した電話が個人向けカメラに取って代わった。
   Phones with cameras have replaced most consumer cameras.

☐ **4.** 24時間営業の印刷会社を探しているのですが。
   We're looking for a printer with 24-hour service.

☐ **5.** このアプリを導入していない支店は、事務処理にかなりの時間を浪費している。
   The branches without this app waste a lot of time on paperwork.

Tina said, "Cut back ten jobs by May."

073 SHORT RALLY

☐ **A:** 先週の社長のスピーチを覚えてますか。
Do you remember the president's speech last week?

☐ **B:** ええ。なんで？
Yeah. Why?

☐ **A:** 「変化が重要だ」と言ってましたが、どういう意味だったんでしょう？
He said, "Change is important." But what did he mean?

☐ **B:** 実は、上司のティナさんに、5月までに10人削減するように言われました。
Actually, my boss, Tina said, "Cut back ten jobs by May."
ボブさんには、みんなの給料をまだ振り込まないように言われました。
And Bob said, "Please don't transfer everyone's pay yet."

☐ **A:** この会社、危ないんじゃないかな。
I think this company's in trouble.

POINT 「…するように言われた」の面倒な文型は、こう突破

「だれだれが…するように言った」は、学校で［主語＋told＋目的語＋to不定詞］と習うが、とっさに言える人は少ない。スムーズさが求められる会話では、このような文型は二度と使わなくていい。その代わり、［だれだれsaid,］の後に、そのだれかが言った言葉をそのまま続けること。「彼女に車を動かすように言われた」は、She told me to move my car. でなく、She said, "Move your car." と、さっと言えばいい。これがペラペラになるために大切なコミュニケーション・ストラテジー。

Please don't! 正確さより積極性で意思疎通を成立させる

だれだれsaid, の後には間を置く。引用部分で声の調子をちょっと変えることができればベスト。また、言われたことはそっくり引用しなくていい。わかりやすい英語に置き換えよう。例えば、「通勤ラッシュを避けるためにフレックスタイムを実行するよう言われた」は、He said, "Avoid rush hour." さらに And he said, "We'll have a new system. We can come to work after 9." と続ける。学校英語は長文を好むが、ビジネスではわかりやすい短文がスムーズ。

EXPAND ▶ 主語＋said, ... でわかりやすく

☐ **1.** ショーンさんに、これを金曜までに仕上げるように言われました。
Shawn said, "Finish this by Friday."

☐ **2.** 地域にお住まいのお客さまを優先するよう彼に言われました。
He said, "Prioritize the customers with local addresses."

☐ **3.** メアリーさんに、少なくとも3人の応募者を面接するように言われました。
Mary said, "Interview at least three candidates."

☐ **4.** 上司に、弊社では無理だと言われました。
My boss said, "We can't do that."
➡ it's difficult は「大変だが可能」という意味

☐ **5.** 彼女は「昇給しないと困る」と言ったのですか。
Did she say, "I'd like a raise" ?

I don't check the fax machine often.

074 **E-MAIL**

マイケル様
Dear Michael;
今、ファクスを受け取ったばかりです。
I just got your fax.
もっと早くご連絡を差し上げなくてすみません。
I'm sorry I didn't reply sooner.
あまりファクス機はチェックしていないのです。
I don't check the fax machine often.
メールはお使いですか。
Do you use e-mail often?
今後はメールで連絡をいただけるとありがたいです。
I'd really appreciate it if you'd e-mail me next time.
私のアドレスは、robin@lazer.com です。
Here's my address; robin@lazer.com.
では。ロビン・グリーンより
Sincerely, Robin Green

First
contact

Light
contact

Regular
contact

Heavy
contact

 POINT 頭をすっきり整理して、ペラペラに近づこう！

often はとても使いやすい言葉。否定文や疑問文の文末につけるだけ。どんなに長い文でも最後。「あまり…しない」の文型は、[否定文＋often.]。例えば、「コーヒーはあまり飲まない」なら I don't drink coffee often.、「上司にはあまり会わない」は、I don't see my boss often.。「よく…しますか」も文末に often?。「仕事の後、よく同僚の方と飲みますか」なら、Do you drink with people from your office after work often? と言う。

Please don't! 肯定文に often はだめ

英会話では、「私はよく…します」に I often ＋V. はほとんど使わない。書き言葉なら許されるが、実は肯定文に often はやや不自然だし、文中の位置に迷うのでわざわざ覚えなくていい。「よく…します」と言いたい時は文頭に Usually, ... がお薦め（*p.* 178参照）。「いつもいつも…します」と強調したいなら、文末に a lot、または「毎日」の everyday をつければいい。もう一つは「いつも」の always で、文中に置く。

EXPAND ▶ . . . often

□ **1.** 彼とはあまり話しません。
I don't talk to him often.

□ **2.** このアプリならそんなに不具合は起きません。
We don't have problems with this app often.

□ **3.** 値引きはあまりしないので、他の方には言わないでください。
We don't give discounts often, so please don't tell anyone.

□ **4.** そういった依頼はあまり受けないので、上司に尋ねてみないとわかりません。
We don't get that kind of request often, so I have to ask my boss.

□ **5.** 英語をよく使いますか。
Do you use English often?

not ... really

それほど…でない

> I didn't really like Jane's comments.

075 **SHORT RALLY**

☐ **A:** ミーティングでのあなたのコメントはとても良かったです。
I really liked your comments in the meeting.
でも、ジェーンの意見にはあまり共感しませんでした。
But I didn't really like Jane's comments.

☐ **B:** 予算についてはどう思われました。
What did you think about the budget?

☐ **A:** 実は、全てをちゃんと理解できたわけではありません。
Actually, I couldn't really understand everything.
どうもすみません。
I'm sorry about that.

☐ **B:** 大丈夫ですよ。正直に言ってくださるのはいいことですよ。
No problem. I really like your honesty.
明日ランチをしながらでも、この話をしませんか。
Why don't we talk about it over lunch tomorrow?

POINT 応用性の低いmuch, too, veryより
really が really 便利！

名詞を強調するならreallyで。例えばShe's really a hard worker.「彼女は本当に努力家」。形容詞を強調するのにもreally。This is really reasonable.「なんて手頃なんでしょう」。動詞を強調するのにも、really。I really liked . . .。そしてreallyのもう一つの魅力は、「あまり…ではない」をnot really . . .で言い表せること。not . . .「…ではない」と言い切るよりソフトになる。例えば、きっぱりとWe don't have time now.「今、時間がないです」よりWe don't really have time now.「今、あまり時間がないです」。また、「あまりよくわからないのですが」はI don't really understand..。便利なのは、上のようにdon'tの前後どちらにreallyを置いてもOKなこと。

Please don't! very はどちらかというと書き言葉

very を使っても大きなミスではないが、reallyの方が一般的。書き言葉なら両方使える。あいづちのReally?だけでなく、「とても」や「本当に」という意味で文中で使うreallyのメインの用法に慣れよう。

EXPAND ▶ really

☐ **1.** 申し訳ありませんが、ご質問があまりよくわかりませんでした。
I'm sorry, but I didn't really understand the question.
➡ これを言うのは恥ずかしいことでない。むしろ相手への関心を示せる

☐ **2.** あまり時間に余裕がないのですが。
We don't really have a lot of time.

☐ **3.** 申し訳ありませんが、その提案はあまり気に入りませんでした。
I'm sorry, but we didn't really like the idea.

☐ **4.** それはあまり現実的ではありませんね。
It's not really practical.
➡ practical は realistic でもOK。発音しやすい方でどうぞ

☐ **5.** 弊社では、一度決めたら決断を変えることはそれほどありません。
Once we decide something, we don't really change our decisions.
➡ 決断を「ひっくり返す」と言いたいときにはoverturn を使う

いつもは… ／ 普通は…

Usually, he's on time.

🔊 076 SHORT RALLY

☐ **A:** メアリーさん、どうも。お元気ですか。
　Hi, Mary. How are you today?

☐ **B:** 元気ですよ、どうも。あなたは？
　Good, thanks, and you?

☐ **A:** いいですよ。でも、雨は止んでほしいですけどね。
　Good, but I wish it would stop raining.

☐ **B:** ええ。普通なら、11月にこんなに雨は降らないものですよね。
　Yeah. Usually, it doesn't rain this much in November.
　あ、おかけください。ジョニーを待っているところです。
　Have a seat. We're waiting for Johnny.

☐ **A:** 本当？　いつもは時間に正確なんですけどね。
　Really? Usually, he's on time.

usuallyの位置に悩まないで

usuallyは「普段……」のように習慣を伝える表現と解説されるが、「いつもは……」や「普通は……」と関連づけて広く使おう。学校で、文中のどこに置くかは動詞の種類によって違うと習ったかもしれない。でも、usually、luckily（幸いなことに）、unfortunately（残念なことに）など-ly系の副詞は文頭に置いて、言いたいことをスムーズに話そう。また、疑問文では文末でOK。英会話でusuallyが広く使われているのは、oftenが肯定文で使われないためでもある。例えば、「退社後いつもジムに行く」なら、Usually, I go to the gym after work.。

シンプルな文法を使い回すのがベスト

どんなに高性能なパソコンでも使い勝手が悪ければ宝の持ちぐされになる。それと同じで、英文法も、使い勝手のいいものをゲットしていくことが大事。大原則は、[主語＋動詞＋場所・時間・頻度.]。これをしっかり身につけて。その次のステップとしてusuallyのような使いやすい言葉を徐々に足せばいい。

EXPAND ▶ usually

☐ **1.** いつもは電話が多いです。
Usually, we have a lot of calls.

☐ **2.** いつもは何時に始めるのですか。
Usually, what time do you start?

☐ **3.** 私はたいてい、全部終わるまで働きます。
Usually, I work until I finish everything.

☐ **4.** 普通は、会議で発言する必要はないけど。
Usually, we don't have to say anything at the meetings.

☐ **5.** 彼、普段は時間に正確ですか。
Usually, is he on time?

Good luck. ／lucky

頑張ってください。／ついてる

077 **SHORT RALLY**

☐ **A:** みなさん、たった今、社長と話してきました。
Everyone! I just talked to the president.
私、ニューヨークに転勤になりました。新支社長になります！
I got transferred to NY. I'm the new branch manager!

☐ **B:** おめでとうございます！
Congratulations!

☐ **C:** 頑張ってくださいね。
Good luck!

☐ **D:** 羨ましいですね。
You're lucky!

☐ **E:** (心の声) まぐれだよ
(Inner voice) He got lucky.

luckをビジネスライクに活用しよう

luck は、「運・幸運」だけではない。混乱しやすいのは、Good luck. が「幸運を」と訳されること。「うまくいきますように」という意味もあるが、適訳は「頑張ってください」なので、このような日本語として自然な訳とリンクさせて覚えよう。例えば、I'm lucky. は、「私、幸運だ」でなく「よかった」「私、恵まれてる」「私、ついてる」という話し言葉。特に [I'm lucky＋S＋V.] は、「…でよかった」。また、日本語でよく使う「幸いなことに……」は、Luckily, . . . 。また、自分の成果を謙遜して言う「まぐれですよ」は I got lucky.。

類義語に手を出すときりがない

勉強のための勉強でなく、コミュニケーション力をつけるためなら、厳選した基本フレーズだけ身につければOK。「頑張って」も辞書にはいろいろ載っているが、Hang in there.、Do your best.、Cheer up! は偉そうに聞こえがちだし、応用範囲がとても狭い。「頑張って」の主流は、Good luck.。いくつも類語を覚えるのは、会話の瞬発力を弱めかねないので注意。では、Good luck.（頑張ってね）。

EXPAND ▶ 幸いなことに／頑張って

☐ **1.** プレゼン、頑張ってください。
Good luck with your presentation.

☐ **2.** ■やっている真っ最中に励ます時に　頑張れ。
You can do it.
➡ Good luck! はこれからすることに対して言う「頑張って」

☐ **3.** ■確約しないで前向きに　（弊社は）頑張ります。
We'll do our best.
➡ p. 42参照

☐ **4.** あのプロジェクトにいち早く投資しておいてよかったです。
We're lucky we invested in that project early.

☐ **5.** 幸いなことに、けがをした人はいませんでした。
Luckily, no one got hurt.

latest / lately
最新版の／最近は

> I'm sending the latest version.

latest version

BUSINESS LETTER

ハイジ様
Dear Heidi,

貴部署のご様子はいかがですか。
How's everything in your department going?

こちらは最近とても忙しいです。
I've been really busy lately.

最近のキャンペーンは大成功でした。
Our latest sales campaign was a big success.

成功の鍵はポスターだったと思います。
I think the key was our poster.

最新版を同封します。
I'm sending the latest version.

気に入っていただけると幸いです。
I hope you like it.

よろしくお願いいたします。シンディ・ゴールドバーグ
Sincerely,
Cindy Goldberg

POINT 最近、自分で例文を作ってる？

lately は「最近……」の意。ほとんどの場合、完了形とともに使われる。位置は文末に。使いこなせるようになるためには、肯定文・否定文・疑問文の三つの基本文の形で、自分なりの例文を作って言ってみること。一方、latest は、「最新の、最近の」。「一番古い」の意味ではないから、注意。特によく使われるのは、the latest version「最新版」。「旧版」と言いたい時は、かしこく否定文を活用して、... not the latest version と言ってみて。この latest は、ビジネスのみならず日常生活やエンターテインメントでもよく使われる。例えば、「最新のトレンド」なら、the latest trends など。

Please don't! recently はやや書き言葉寄りの表現

「最近……」は recently や these days という表現も使われるが、これらはどちらかというと書き言葉で、少々堅い。通じれば OK だが、多くの場合、自然な表現は lately で、文末に置く。会話にも手紙にも OK。上でも述べたように、完了形と一緒に使おう。

EXPAND ▶ latest／lately

☐ **1.** 最近は全然新聞を読んでいません。

I haven't read the newspaper at all lately.

☐ **2.** 私の部署は、最近、とても忙しいです。

My department's been really busy lately.

☐ **3.** アンガーさんと最近お話しましたか。

Have you talked to Mr. Unger lately?

➡ 軽く「最近、いい映画見た？」は、Have you seen any good movies lately?

☐ **4.** 申し訳ありませんが、最新版が見当たりません。

I'm sorry, but I can't find the latest version.

➡ Would you send it again?（再送していただけますか）と続けよう

☐ **5.** 最新版は、どこで手に入りますか。

Where can I get the latest version?

79 exact／exactly
正確な／その通り

You don't have to be exact.

SHORT RALLY

☐ **A:** 営業部には何人いましたっけ？
How many people were there in Sales, again?

☐ **B:** 正確な数字はちょっとわかりません。
I'm not sure of the exact number.
少々お待ちください。
Just a moment, please.

☐ **A:** 正確でなくてもいいのです。
You don't have to be exact.
推測ではどのあたりでしょう？
What's your best guess?

☐ **B:** 93人ぐらいでしょうか。多すぎるとは思いますが。
About 93 people. and I think that's too many.

☐ **A:** その通りです。
Exactly!

184

exactを賢く使ってペラペラへの近道を

exactは形容詞。「正確な」という意味でよく使う。特にグローバルなビジネスシーンでは、価値観や社風の違いに配慮し、どこまでが正確でどこからが推測かを確認することが必要だ。そんな時にexactを肯定文と疑問文で活用しよう。ところで、exactの反対は？　日本語の「アバウト」や「ルーズ」は通じない。「正確ではない」とnot exactを使えばいい。このような発想もペラペラへの近道。

 exactで意思疎通を図ろう

同じことを尋ねても「だいたい……」とすぐアバウトに答えちゃう人と、「厳密に言うと……」と時間をかけて正確な答えを出そうとする人がいる。ちょっと道を尋ねた時、僕なら、「えっと、まっすぐ○メートル行った先に丸い青色の立て看板があって……」とゆっくり詳しく説明されるより、大まかでもすぐに「あっちですよ」と教えてもらいたいかも。でも人それぞれだから、exactというパワーワードで互いの意思疎通をするといい。相手がどの程度の情報を欲しがっているのか気になる時には、Should I be exact?（正確に言った方がいいですか）と尋ねてみて。

EXPAND ▶ exact／exactly

☐ **1.** 正確に言った方がいいですか。
Should I be exact?

☐ **2.** 正確ではありませんが、たぶん原価は2万ドルくらいだと思います。
It's not exact, but I think the costs are about $20,000.
➡ It is not exact, but here's an estimate.

☐ **3.** 正確なものにはならないと思いますが、それでよろしいですか。
I don't think it'll be exact. Is that OK?

☐ **4.** もっと正確なデータをいただければ、大変ありがたいのですが。
I'd really appreciate it if you gave us more exact data.

☐ **5.** まさしくその通りです。
You're exactly right.
➡ exactlyは「具体的に」にも使う。Where exactly is it?（具体的にはどこ？）

185

80

have to . . . ／ not have to . . .

…しなければならないです ／ …しなくていいです

I have to finish everything tonight.

SHORT RALLY

☐ **A:** 飲みに行きませんか。
Why don't we go for a drink?

☐ **B:** ごめんなさい、無理ですね。明日ローマに行かなければならなくて。
I'm sorry, but I can't. I have to go to Rome tomorrow,
だから、今晩、全部終わらせないといけないのです。
so I have to finish everything tonight.

☐ **A:** 手をお貸ししましょうか。
Would you like some help?

☐ **B:** ええ。では、この領収書の整理をしてくださいますか。
Yes. Would you organize these receipts?

☐ **A:** ええと、隣のバーに5分後には行っていないといけないんですよ。
Well, I have to be at the bar next door in five minutes.
ごめんなさい。いろいろ頑張ってくださいね。
Sorry about that. Good luck with everything.

POINT ビジネス英会話レパートリーにも必修の表現

have to は、基本中の基本フレーズ。肯定文・疑問文・否定文でとっさに使えるように練習しよう。本当に使いこなせるようになるためには、下のEXPANDで、日本語から英語に即、置き換えるトレーニングをしよう。例えば、「コピーしなくていいよ」「明日行かないといけませんか」を We don't need to make a copy. と Do I have to go tomorrow? に。関連表現の「…は禁止です」＝We can't ... (p. 90 参照) との使い分けも確認しよう。

 Please don't! 看板の英語は大人同士の英会話にふさわしくない

must はちょっと強すぎるし、口頭で「…しないとだめ」と言う時にはあまり使わない。レストランの洗面所にEmployees must wash their hands. のような張り紙があるが、口頭では We have to wash our hands. と言おう。ここでmustを使うと「手を洗わなければならぬ」みたいな響きになってしまう。人に注意をする時は、You have to ... より We have to ... の方がソフト。強く伝えたいなら have to 部分を強調して言えばいい。

EXPAND ▶ have to . . .

□ **1.** どうしても経費削減をしないと、つぶれます。
We have to cut costs, or we'll go out of business.
➡ 「…しないと、〜になってしまう」はWe have to . . . , or〜

□ **2.** 申し訳ありませんが、先に上司に尋ねなければなりません。
I'm sorry, but I have to ask my boss first.

□ **3.** どんなことがあっても、これは絶対に間に合わせないといけません。
This has to be on time, no matter what.
➡ has to を強く言ったり文末にno matter what を足したりすると強調できる

□ **4.** 何時に着いていないといけませんか。
What time do we have to get there?

□ **5.** 常に自分の実力を証明しないといけません。
You have to prove yourself every day.
➡ このような社風のアメリカの企業は多いかも

Should I / we . . . ?

81 …した方がいいでしょうか。／…すればよろしいでしょうか。

Should we offer more money?

I really think we should.

081 **SHORT RALLY**

☐ **A:** もっと謝礼を多く提示した方がいいでしょうか。
Should we offer more money?

☐ **B:** ええ。間違いなく、そうした方がいいでしょうね。
Yes. I really think we should.

☐ **A:** わかりました。で、いくらぐらい提示すればいいでしょうか。
OK. Well, how much should we offer?

☐ **C:** たぶん、5万ドルなら十分だと思います。
I think $50,000 is enough.

☐ **A:** わかりました。明日彼のエージェントに電話した方がいいでしょうか。
OK. Should I call his agent tomorrow?

☐ **B:** いや、すぐに電話して押さえた方がいいでしょうね。
No. We should call and book him ASAP.

188

POINT

「…した方がいいでしょうか」の自然な英語はこれ
should を使って、ビジネス・コミュニケーションをとろう

should は、学校で「…すべき」と習ったかもしれない。でも、応用性の広い should の意味をそれだけに限定してはもったいない。特に[Should I／we＋動詞?]はメジャー表現。例えば、「待った方がいいでしょうか」は Should I wait?。また、[How／Where／When should I...?]のように、5W1H の疑問詞とともに使うと便利。「どう／どこで／いつ …すればよろしいでしょうか」の意味になる。下の EXPAND で練習して、とっさに言えるようになろう。

 You shouldn't . . . は大人同士で使わないで

should は疑問文以外でも活用範囲が広い。肯定文なら例えば、「そろそろ帰った方がいい」を、I should get home soon. と言える。でも、主語を you にするときつくなるので注意が必要だ。You should／shouldn't . . . はなるべく避けよう。これはまるで、相手を子ども扱いするような言葉。自分も相手も含めて「…しない方がいい」なら We shouldn't . . . がいい。また丁寧に「…しないでください」は Please don't . . . (*p. 52*参照)。

EXPAND ▶ Should I／we . . . ?

☐ **1.** メールでお送りした方がよろしいでしょうか、それとも郵便で？
Should I send it by e-mail or regular mail?
➡ 「郵便で」は by regular mail。具体的に by EMS（EMS で）などとも言える

☐ **2.** 次はいつお会いすればよろしいでしょうか。
When should we meet next?

☐ **3.** この経費はどう計上すればいいでしょうか。
How should we report this cost?
➡ 申告などで「計上する」と言うには report を動詞としてよく使う

☐ **4.** どこに電話を差し上げればいいですか、ご自宅、それともご勤務先？
Where should I call you, at home or at work?

☐ **5.** ポーさんとお呼びすればよろしいでしょうか、それともテッド？
Should I call you "Mr. Poe" or "Ted" ?

About the construction . . .
Can they stop for a few
hours?

082 SHORT RALLY

□ **A:** ジョーンズさん、お忙しいところすみません。
Mr. Jones, I'm sorry to bother you.

□ **B:** 大丈夫ですよ。
No problem.

□ **A:** 工事の件なんですが、2、3時間止めてもらうことは可能ですか。
About the construction . . . Can they stop for a few hours?

□ **B:** どうですかね。
I'm not sure.

□ **A:** 2時から私の部署で会議があるのです。4時には終わりますから。
My department has a meeting at 2. We'll finish at 4.
2時間だけ工事を止めていただけると大変助かります。
I'd really appreciate it if they'd stop for just two hours.

□ **B:** わかりました。聞いてみます。
Well, I'll ask.

First
contact

Light
contact

Regular
contact

**Heavy
contact**

 簡単な言葉で重要な会話テクニックをゲットしよう

このテクニックでコミュニケーションは簡単になる。まず、[About the ＋トピック] でこれから話す内容を予告し、その後、言いたいこと、聞きたいことをフルセンテンスで続けるだけ。[About the＋トピック＋質問] のように使うことが多い。細かいことだが、Aboutの次には the が来る場合がほとんど。このような会話術の習得に力を入れることは大事。

**Please
don't!** 先に何について話すか認識させないとダメ
話す用件を最初にはっきりと提示すること

まずは冒頭で用件を正確に相手に伝えると、たとえ全て聞き取ってもらえなくても、発音や文法のミスをしても、用件を共有しているから通じる確率はぐんと上がる。本書では、大切な議題を認識させるこの種のフレーズを紹介してきた。There's a problem with . . . .（*p.* 44）、Do you remember . . . ?（*p.* 92）、Did you see . . . ?（*p.* 94）、そして、このAbout the . . . だ。これから話すことについて、まず共通認識を得るコツと表現を身につけよう。

EXPAND ▶ About . . .

☐ **1.** パーティーの件ですが、社長もお呼びした方がいいでしょうか。

About the party . . . Should we invite the president?

☐ **2.** 新聞広告の件ですが、もう最終決定になりましたか。

About the newspaper ad . . . Did we finalize it already?
➡ ad は advertisement の略

☐ **3.** 川沿いの物件ですが、今月固定資産税を納めないといけませんか。

About the property near the river . . . Do we have to pay the taxes this month?

☐ **4.** 契約の件ですが、明日までにいただきたいのです。よろしいでしょうか。

About the contract, I'd like it by tomorrow. Is that OK?

☐ **5.** 建築家の件ですが、もっと時間がほしいのでしょうかね。

About the architect, do you think he needs more time?

83

..., right?
…ということですね？／…しますよね？

> May I have 70 copies of this report?

> You said "SEVEN-d", right?

083 SHORT RALLY

☐ **A:** 明日のミーティングに出ますよね？
You're coming to the meeting tomorrow, right?

☐ **B:** はい。何かお手伝いいたしましょうか。
Yes. Would you like some help?

☐ **A:** お願いします。このレポートのコピーを70部お願いできますか。
Yes. May I have 70 copies of this report?

☐ **B:** わかりました。「70」、ということですよね。
OK. You said "SEVEN-d," right?

☐ **A:** そうです。7-0……70です。
Right. Seven-zero . . . 70.
それで、10時15分までにお願いできますか。
And may I have them by 10:15?

☐ **B:** 「10時15分」、ということですよね？
You said 10 fif-TEEN, right?

＊数字の発音のコツはアクセントだけではない。例えば、17は「セヴンティーン」と伸ばし、70はできるだけコンパクトに「セヴンティ」（「セブンd」に似ている）と言う。

192

POINT ビジネス・コミュニケーションの秘訣は、
「素直に聞く」より「積極的に確認する」

ビジネスで「…ということですよね」と確認することは日常的だが、付加疑問文はルールが面倒。付加疑問の動詞変形の規則をいちいち頭で考えていたら、会話には追いつけない。かといって、「確認」が重要なことに変わりはない。そこで、どの文にも合う、[. . . , right?] をぜひ、ゲットしよう。現在・未来・過去形にも、また肯定文だけでなく否定文にも、最後につけるだけでOKなので非常に便利。

Please don't! 100パーセントのリスニングは不要
会話では、互いに歩み寄れる対策を打つことが大切

リスニングは、アナウンス系とコミュニケーション系に大別できる。前者は「スピーカーから聞こえてくる英語を聞き取る、一方向型のリスニング」。できなくても英会話には致命的ではない。一方「コミュニケーション系のリスニング」は、双方向型。互いの努力で意思疎通をはかるもの。だから、相手の言うことがすぐにわからなくても大丈夫。Sorry?（*p.* 16）やWould you say that again?（*p.* 24）で言い直してもらったり、わかりやすい説明を加えてもらおう。そして、この [. . . , right?] で言われたことを確認。

EXPAND ▶ . . . , right?

□ **1.** 今、お支払いしなくてもよろしいですよね？
We don't have to pay now, right?

□ **2.** たたき台を用意してくれますよね？
You're gonna prepare a draft, right?
➡ gonna はビジネスでも頻繁に使われる。カジュアル過ぎず、十分丁寧な表現

□ **3.** サリーさんでいらっしゃいますよね？
You're Sally, right?

□ **4.** 待ち合わせは、明日の10時、ロビーで、ということですよね？
We're meeting in the lobby at 10 tomorrow, right?

□ **5.** 2万ドルしか使えないんですよね？
We can only spend $20,000, right?

8 4 …, again?
…でしたっけ？

What was the
password, again?

084 SHORT RALLY

☐ **A:** あと数分しかないです！
We only have a few more minutes!

☐ **B:** 締切は何時でしたっけ？
What time was the deadline, again?

☐ **A:** 6時ですよ！　ああ、だめだ。コンピューターが、かたまっちゃった。
Six! Oh, no! My computer froze!

☐ **B:** 何とかなりますよ。こちらを使えますよ。
Don't worry about it. You can use this one.

☐ **A:** ありがとうございます。パスワードは何でしたっけ？
Thanks. What was the password, again?

☐ **B:** ああ……忘れました。
Ah . . . I'm not sure.

☐ **A:** 技術サポートの番号は何番でしたっけ？
What was tech support's number, again?

First
contact

Light
contact

Regular
contact

Heavy
contact

POINT　　もう一つの重要な確認のフレーズは、これ

以前聞いたことなどを「…でしたっけ？」と確認する時は、[. . . , again?]
で。What や How など、5W1H で始まる疑問文に、[. . . , again?] を
つけて使うことが最も多い。例えば、「それって、いつ／どこ／どれくら
いでしたっけ？」のようにね。細かいことを一つ言うと、重要なのは、
疑問文自体を過去形にすること。日本語でも、「いつだっけ？」より「い
つでしたっけ？」の方が丁寧な響きがあるように、英語の場合も全く一
緒。現在形の When is . . . ？より過去形の When was . . . , again? 方
が、「でしたっけ？」と一段と丁寧になる。

Please don't!　　. . . , right? と、. . . , again? をはっきり区別して

同じ確認をするのでも、[. . . , right?] と [. . . , again?] がある。フ
ルセンテンスの最後につけるだけ、という文の作り方は同じだが、発想
は全然違う。[. . . , right?] は「…でしたよね？」、[. . . , again?] は
「…でしたっけ？」。どんな状況で使うか、EXPAND で確認。自分の母
語の日本語もガイドにして、[. . . , again?] の感覚をつかみ、使いこ
なせるようになろう。

EXPAND ▶ …でしたっけ？

□ **1.** エレベーターはどちらにありましたっけ？
　　Where was the elevator, again?

. . . .

□ **2.** ■本人ではなく、第三者に尋ねて　スミスさんはどちらの方でしたっけ？
　　Which one was Mr. Smith, again?

. . . .

□ **3.** 申し訳ありませんが、どちらの会社でいらっしゃいましたっけ？
　　I'm sorry, but which company were you from, again?

. . . .

□ **4.** お聞きしますが、これ、おいくらでしたっけ？
　　May I ask . . . How much was this, again?
　　➡ About how much . . . ？（おいくらくらい…）とするとさらにソフト

□ **5.** どうしてこれが優先事項なのでしたっけ？
　　Why was this a priority, again?

. . . .

85 get + 場所の名前

到着する／戻る／たどり着く

I just got to my
client's office.

085 SHORT RALLY

□ **A:** もしもし。
　　Hello . . . ?

□ **B:** どうも。アリスです。今、話せますか。
　　Hi. This is Alice. Can you talk now?

□ **A:** ええと、今ちょうど取引先のオフィスに着いたところなんです。
　　Well, I just got to my client's office.

□ **B:** わかりました。お戻りになったら、電話をしていただけますか。
　　OK. Would you call me when you get back?

□ **A:** わかりました。いつかけたらよろしいですか。
　　Sure. When should I call you?

□ **B:** 今外出するところですが、3時頃には戻ります。
　　Well, I'm going out now, but I'll get back around 3.

First
contact

Light
contact

Regular
contact

Heavy
contact

 POINT 「たどり着く・戻る」の正確で自然な言い方は、
[get＋場所] で

getのイディオムは多いが、実際にコミュニケーションに役立つものは
わずか。その一つが [get＋場所]。「たどり着く」「到着する」の意。
arrive などの類義語より自然だ。文の作り方は簡単で、主に、[get to＋
地名／場所]。例えば、I got to Paris at 7.「パリに7時に着いた」、I
get to work at 9.「私は9時に出社する」など。このworkは「会社」
や「職場」を指す名詞。to を伴わない場所を表す言葉は、home、here、
there など。

 Please
don't! 前置詞や副詞を動詞として使おうとしないで

映画でよくGet in.「入って」／Get down.「低くして」などの表現を
耳にするが、この基本パターンは [get＋副詞か前置詞]。例えば、「戻
る」はget back。よくある間違いは「家に戻った」をI back home.
と動詞ぬきで言ってしまうこと。「バック」は動詞ではないから、ちゃん
とI got back home. と言おう。日本語では、主語をいちいち言わない
で「戻ったら……」と言うが、英語ではWhen back ではなくWhen
you／I get back , ... と主語を必ず明示しよう。

EXPAND ▶ get＋場所＝ …にたどり着く

☐ **1.** ちょうど今、社に着いたところです。

I just got to work.

☐ **2.** いつもだと、8時頃に帰宅します。あなたはいかがですか。

Usually, I get home around 8. How about you?
➡ 唐突に What time do you get home? と聞く前に、まず自分の情報を

☐ **3.** そこに何時に着いていればよろしいですか。

What time should we get there?

☐ **4.** 社に戻りましたら、お電話いたします。

I'll call you when I get back to the office.
➡ when I back office とは言わない

☐ **5.** もう帰宅しなければなりません。

I have to get home.

休む／休みをとる

Nancy's off today.

SHORT RALLY

☐ **A:** もしもし、SS サービスでございます。
Hello? SS Service.

☐ **B:** パット・マーティンですが、ナンシーさんをお願いします。
This is Pat Martin. May I have Nancy, please?

☐ **A:** 申し訳ございませんが、本日、休みでございます。
I'm sorry, but Nancy's off today.

☐ **B:** わかりました。では、彼女のアシスタントをお願いできますか。
OK. May I have her assistant?

☐ **A:** 実はアシスタントも休みをいただいておりまして。
Actually, Nancy's assistant is off today, too.
申し訳ございません。
I'm sorry about that.

☐ **B:** 大丈夫です。明日かけ直します。
No problem. I'll call back tomorrow.

off は働く人の定番ワード

会社やお店の「休み」は、自分の勤務先なら We're closed.、他社や他店なら They're/It's closed.。人が「休む」時は、off が自然。整理しよう。①「休み」「休んでいる」の基本は ［be 動詞＋off］。例えば「私は土曜日が休みです」なら、I'm off on Saturdays.。②退社時間も ［be 動詞＋off］ で言える。例えば、「今日、仕事が終わるのは6時です」なら、I'm off at 6.、「仕事は何時までですか？」なら、What time are you off?。③「1週間の休みをとる」は ［take one week off］。「休みをとる」の基本パターンは、「take＋休む日や期間＋off」の順で。

 「仕事を休む」には rest を絶対に使わない

rest は、「休憩（する）／休息（をとる）」の意味。だから、「彼女は今日休みです」に She's rest today. も、Today is rest. も通じない。rest は「ちょっとゆっくりしなくっちゃ」＝ I have to rest. のように、会社を休むことでなく「一時的に体を休める」こと。「仕事を休む」は be off で表現しよう。

EXPAND ▶ off

☐ **1.** 申し訳ございませんが、明日は私、休みです。
I'm sorry, but I'm off tomorrow.

☐ **2.** 普段は6時に退社します。
Usually, I'm off at 6.

☐ **3.** 今週、彼女は休みをいただいております。私が承りましょうか。
She's off this week. May I help you?

☐ **4.** 月曜日に休みを取らせていただいてもよろしいでしょうか。
May I take Monday off?
➡ また、May I have Monday off? も OK

☐ **5.** 疲れているみたいですね。一日お休みを取ってはいかがですか。
You look tired. Why don't you take a day off?

cutbacks / cut back

87 人員削減／…を削減する

> We had to cut back 400 jobs this year.

SHORT RALLY

☐ **A:** 最近スペインで話題になっていることは何ですか。
What are people talking about in Spain lately?

☐ **B:** う〜ん…リストラですね。
Well, . . . cutbacks.

☐ **A:** リストラは私の国でも大きな問題になっています。
Cutbacks are a big issue in my country, too.

☐ **B:** 実際のところ、今年は400人も削減しなければなりませんでした。
Actually, we had to cut back 400 jobs this year.

☐ **A:** それは大変でしたね。リストラは、本当に苦しいですね。
I'm sorry to hear that. Cutbacks are really tough.

POINT cutbacksは、「人員削減」、いわゆる「リストラ」

「リストラ」は元々restructuring（再構成、再組織）の日本語流の省略形。しかし、英語でrestructureと言っても、「解雇」を言い表さない。「リストラ」を意味する言葉はいろいろあるが、世界で最も通用しやすいのは、cutbacks。使い方は二通りある。まず、名詞の場合はcutbacksといつも複数形で。SHORT RALLY参照。そして動詞なら、cut backで、「リストラする」だけでなく経費などを「削減する」意味にも使える。layoffも「解雇」の意味でよく使う。

Please don't! 和製英語は減ってきているが、省略形の外来語に惑わされないで

「オープンカー」は「コンバーチブル」に、「ナイター」は「ナイトゲーム」になり、「サービス」も、「無料／おまけ」ではなく「企業やお店の対応」を指すようになってきている。日本が和製英語に敏感になってきている分、外来語は結構英会話の力になる。気をつけるパターンがあるとしたら、日本語流に省略されているもの。「リストラ」のほか、「リモコン」「エアコン」「パソコン」「セクハラ」などなど。省略形のままで言っても通じないので、意識してフルで言えばOK。

EXPAND ▶ cutbacks／cut back

☐ **1.** 昨年、弊社では100人をリストラしました。

Our company cut back 100 employees last year.

☐ **2.** リストラのことはぎりぎりまで発表しませんでした。

They didn't announce the cutbacks until the last minute.
➡ 「ぎりぎりまで…しない」は、not . . . until the last minute

☐ **3.** ほとんどの日本の会社は従業員のボーナスをカットしている。

Most Japanese companies cut back employee bonuses.
➡ almost Japaneseは間違い。almostを使うならalmost every＋単数名詞

☐ **4.** 経費を削減したので、人員削減はしなくてすみました。

We cut back costs, so we didn't have to cut back jobs.

☐ **5.** 政府はまた、金利を下げた。

The government cut back interest rates again.
➡ 動詞はlowered、reduced、droppedでもOK

I think the right name is important.

Quality is really important, too.

SHORT RALLY

☐ **A:** ニューモデルの話をしましょうか。
   Why don't we talk about the new model?

☐ **B:** 適切な名前が重要だと思います。
   I think the right name is important.

☐ **C:** 品質も本当に欠かせないですね。
   Quality is really important, too.

☐ **A:** どれが一番重要でしょうか？
   Which is the most important?

☐ **B:** そうですね、これらはすべて重要な点ですので、
   Well, these are all important issues,
   月曜日に話し合いましょうか。
   so why don't we talk about it Monday?

First
contact

Light
contact

Regular
contact

Heavy
contact

POINT importantを使い回すことがまさにimportant

最も基本的かつ力になる使い方は［主語 is ／ are important.］。強調す
るなら［... is ／ are really important.］。また、「…がだれだれにとっ
て大事です／重視しています」は、［... is important to だれだれ.］。
実際のコミュニケーションでは、難解で特殊な言葉でなく、このような
基本単語が用いられている。だから、「知っている」だけの基本単語を
「使いこなせる」ようになろう。

Please don't! 「ビジネス英語」本で頭が痛くなる方への万能薬： important

ありがちなビジネス英語に出てくる厄介な表現を、このimportantで言
い換えられるようになろう。例えば「われわれの成功のために、この製
品は維持すべきものである」なら、We hope to maintain ... を、「弊
社にとってこの製品は、重要です」＝This product is important to
our company. と言い換えることができる。とにかく、たった一文を作
るのに、エネルギーを消耗しないで。それで力尽きて、発言・会話が続
かないなんて本末転倒。importantのような基本単語を使った文をいか
に連続して話せるかがコミュニケーションでは最も重要。

EXPAND ▶ important

□ 1. ANCは、コンプライアンスを非常に重視しています。

Compliance is really important to ANC.

➡ 難解英語＝ANC looks upon cable TV as extremely important.

□ 2. このコンセプトが弊社にとっては重要なのです。

This concept is important to our company.

➡ 難解英語＝Our firm aims to maintain this concept as a key factor to our success.

□ 3. 見た目のグローバルさが重要だと思います。

I think a global look is important.

➡ I think it's important to look global. もOK

□ 4. どうしても帰宅しなければなりません。とても重要な用がありまして。

I have to get home. It's really important.

□ 5. これが大切だとおっしゃいましたよね。

You said this is important, right?

take advantage of . . .

…というチャンスを生かす／有効に活用する

> We'd like to take advantage
> of the summer season.

SHORT RALLY

☐ **A:** ローンを組んだ方がいいと思いますよ。
I think we should get a loan.
低金利のチャンスを生かせますから。
We can take advantage of low interest rates.

☐ **B:** そうですね、あまり時間がないと思うのですが。
Well, I don't think we have enough time.
この夏を有効に活用したいですね。
We'd like to take advantage of the summer season.

☐ **A:** すみません、どういう意味でしょう？
I'm sorry I don't understand.

☐ **B:** 7、8月は帽子が本当によく売れますよね。
Hats sell really well in July and August.
そのチャンスを生かしたいということです。
We'd like to take advantage of that.

POINT ぜひこの言葉を有効に活用してほしい——
I hope you can take advantage of this phrase.

[take advantage of . . .] は「有効利用する」「チャンスを上手く活用する」の意。ニュアンスは「今はチャンスだから…しよう」。人を説得するのにとても便利。有効に活用するためのポイントは2つ。①フルセンテンスで使う。take advantage of . . . という未完成なフレーズだけを覚えていても力にはならない。先頭に主語、そして多くの場合、次に助動詞。例えばWe can take advantage of . . . 「…をチャンスとして生かすことができる」やWe'd like to take advantage of . . . 「…をチャンスとして生かしたい」。そして、最後に「何を」という目的語。②オリジナル例文を作成。どう活用するか自分なりの例文を作る。利点を挙げて説得するシミュレーションをしてみよう。

 Please don't!　take advantage of . . . ＋人　は悪い意味に

[主語＋take advantage of ＋○○.] の形で覚えよう。目的語に「人」をとると、「人を利用する」というすごく悪い意味になるから注意して。また、They took advantage of us. は「あの会社にぼったくられた」のようなニュアンス。

EXPAND ▶ take advantage of . . .

□ **1.** どうすれば、彼のオファーをチャンスとして生かせますか。

How can we take advantage of his offer?

□ **2.** 空いた時間を有効活用した方がいいのでは……。

We should take advantage of our free time.
➡「…を有効活用する」は make good use of . . . とも

□ **3.** 円安のチャンスをうまく活用しないとだめです。

We have to take advantage of the weak yen.

□ **4.** 弊社の流通システムを役立てていただけます。

You can take advantage of our company's distribution system.

□ **5.** 私のことも、会社のことも、利用しないでください。

Please don't take advantage of me or my company.

90 call back
かけ直す

I'll call you back.

Can you call back after 4?

090

SHORT RALLY

☐ **A:** もしもし。
Hello?

☐ **B:** もしもし、ボブさん？　マークです。
Hi, Bob. This is Mark.
今話せますか。
Can you talk now?

☐ **A:** 今、重要な会議をしているところなんですが。
I'm in an important meeting right now.
もうすぐ終わりますから、すぐにかけ直します。
We're almost finished. I'll call you back.

☐ **B:** じゃ、4時過ぎにかけ直していただくことは可能ですか。
Can you call back after 4?

☐ **A:** 大丈夫ですよ。
Sure.

POINT どんな業種にも通用する会話術、 call back を賢く活用しよう

電話やビデオ通話での英会話は大変なので、対策を考えておこう。例えば、相手が不在の時、メッセージを残すよりも、「後ほどかけ直させていただきます」I'll call back later. と言っておく方が、会話の展開を自分でコントロールでき、絶対にコミュニケーションはスムーズ。また、だれがだれにかけ直すのかを具体的に言う時は、[だれが（主語）＋call＋だれに（目的語）＋back] と、call と back の間に「人」を入れる。

Please don't! 電話英会話のダイアログを暗記しても無駄
このパワーフレーズだけを応用できるようにして

ありがちなビジネス英語では、いろいろな電話英会話のお手本を勉強させるが、実際にその通りに話が進む可能性はゼロ。それに通話中にお手本を思い出そうとしても時間と電話代がかかるだけ。特にビジネスは Time is money. だから、基本的な文で自分の言いたいことを続けて言えるようになることが最重要。電話で便利なのは、まず、この call back と May I have . . . ? (*p. 22*)。そして聞き返しのフレーズ Sorry? (*p. 16*) と Would you say that again, please? (*p. 24*)。

EXPAND ▶ call back

☐ **1.** ■相手先が不在で　後ほど、（私から）かけ直します。
I'll call back later.
➡ 相手に直接「かけ直す」と言う、I'll call you back later.

☐ **2.** 1時間後にかけ直してくれますか。
Would you call me back in an hour?
➡ 「○時間後」という時は、after や later でなく、[in ＋時間を表す言葉] で。

☐ **3.** ■都合が悪い時にかかってきた電話に　30分後にかけ直します。
I'll call you back in a half an hour.
➡ 「すぐかけ直す」は I'll call you right back.

☐ **4.** どちらにかけ直したらよろしいですか。
Where should I call you back?
➡ こう聞かれたら、At work.（会社に）や On my cell phone.（携帯に）と答える

☐ **5.** 彼女にかけ直してもらうようにしましょうか。
Would you like her to call you back?

negotiate for . . .
…を交渉する／…できるよう交渉する

Why don't we negotiate for more time?

091

SHORT RALLY

☐ **A:** 彼らのオファーはどうですか。
　　What do you think about their offer?

☐ **B:** ロボット1体120ドルという話でしたよね？
　　They offered 120 dollars for each robot, right?

☐ **A:** そうですね。もう少し出してくれるように交渉できますかね。
　　Right. Can we negotiate for more money?

☐ **B:** ええ、今日中に決めてほしいと言っていましたけどね。
　　Well, they said they'd like a decision today.

☐ **A:** じゃ、もっと時間を稼げるように交渉しましょうか。
　　Then, why don't we negotiate for more time?

☐ **B:** それはいいですね。
　　Good idea.
　　できるだけ時間が稼げるよう交渉しませんか。
　　Why don't we negotiate for as much time as possible?

「ネゴシエーション」は日本語にも定着しているけれど、
negotiation も実際の会話で生かそう

実際の交渉では negotiation より [negotiate for . . .] が役に立つ。使い方は、[主語＋negotiate for＋実現したいこと]。疑問文では助動詞に注意。例えば、Can we negotiate for . . . ?「…するよう交渉できますか」や、Why don't we negotiate for . . . ?「…するように交渉しませんか」。その他の活用例は EXPAND を参照。ちなみに、「…するように交渉する」を長く言うと [negotiate to＋V]。でも negotiate to get more money と言うより、[negotiate for＋名詞] で negotiate for more money の方が簡単。

 Please don't!　交渉の成功は、ダイアログの丸暗記でなく、
基本的な語学力を磨くこと

交渉のお手本ダイアログを暗記しても、その通りの展開はまずない。表現をたくさん覚えようとしたり、厄介なことを言おうとしたりしてこける人が多すぎるのが現実。基本的な交渉表現はまず、I'd like . . .「…がないと困ります」。ソフトに言う場合は、I'd really appreciate it if . . .「…していただけると幸いです」。身内で交渉ごとについて話す時、この [negotiate for＋名詞]（…について交渉する）は特によく使う。

EXPAND ▶ negotiate for . . .

☐ **1.** 価格交渉はできますか。
Can we negotiate for a better price?

☐ **2.** 売上の取り分をもっと上げてもらうよう交渉できますか。
Can we negotiate for a bigger percentage of sales?

☐ **3.** 報酬を上げてもらうよう交渉できると思う。
I think you can negotiate for better pay.

☐ **4.** 労働環境の改善を交渉した方がいいです。
We should negotiate for better working conditions.

☐ **5.** 何の交渉が可能だと思いますか。
What do you think we can negotiate for?
➡ このような自由回答式の質問の方が有効なことも多い

92 ask ... for ～

…に～を頼む

> Would you ask Hong Kong for the sales report?

> I asked for it already.

092

SHORT RALLY

□ **A:** 香港支社に売上報告書を頼んでくれますか。
Would you ask Hong Kong for the sales report?

□ **B:** ええ、もう依頼済みです。
Well, I asked for it already.
３日前に連絡しました。
I called three days ago.

□ **A:** できるだけ早くほしいのですが。香港は何時ですか。
We need it ASAP. What time is it in Hong Kong?

□ **B:** たぶん朝の４時だと思います。
I think it's 4 in the morning.
サリーさんに今夜遅く連絡するよう頼みましょうか。
Why don't we ask Sally to call later tonight?

□ **A:** ですが、先月も彼女に頼んだのですよ。
Well, I asked Sally to call last month, too.
彼女がいやがらないといいのですが。
I hope she doesn't mind.

First
contact

Light
contact

Regular
contact

Heavy
contact

POINT　「頼む」というパワフルな動詞の使い方のコツをつかもう

「頼む」文は二通りある。一つは物を頼む ask for。日本語とは語順が異なる点さえ押さえれば簡単。「だれが、頼んだ、何を」の語順で。「3つ頼んだ」なら He asked for three. 。もう一つは、「…するよう頼む」の ask ... to ~。この文型は慣れるまでに時間がかかる。語順は、「だれだれが、ask、だれだれに、to ~するよう」。例えば、「ジョンに待つよう頼んだ」なら、「私が、頼んだ、ジョンに、待つよう」と発想し、I asked John to wait. となる。また、I'll ask. は「頼んでみます」という意味。会話によく使われる。

Please
don't!　受動態より能動態で

受動態はとってもマイナーな文法構造。英語は日本語と違って主語を省かないから、受身形を使いすぎると不自然に聞こえる。英語の主流の構造は、能動態。つまり、「だれが、した、何々」。「…に頼まれた」I was asked by ... より「…が頼んだ」... asked me がメイン。いつも能動態で発想できるようになろう。「来るよう頼まれました」なら、「だれだれが頼んだ、私に、来るように」の発想で They asked me to come. 。

EXPAND ▶ ask for ... ／ ask ... to ~

☐ **1. 見積もり書を頼まれました。**
　　They asked for an estimate.
　　➡ この場合の They は取引相手（会社）を指す

☐ **2. 報告書はもう依頼してあります。**
　　I asked for a report already.

☐ **3. 今日中に送るよう頼みました。**
　　I asked them to send it by the end of the day.

☐ **4. 日本時間の3時までに送るよう頼まれました。**
　　They asked us to send it by 3 Japan time.

☐ **5. 10時に来るように頼まれました。**
　　They asked us to come at 10.

prepare for . . .
…の準備をする

093

I'm preparing for the presentation.

093 **SHORT RALLY**

- **A:** 今日の午後の予定は、どんな感じですか。
  What's your schedule like this afternoon?
- **B:** 申し訳ありませんが、今日はかなり忙しいです。
  I'm sorry, but I'm really busy today.
  プレゼンの準備をしているのですが。
  I'm preparing for the presentation.
  まだ、スピーチの用意ができていなくて。
  I still haven't prepared my speech.
- **A:** 手伝いましょうか。
  Would you like some help?
- **B:** ありがとう。でも、なんとかなると思います。
  Thanks, but I think I'll be OK.
- **A:** じゃ、諸々頑張って。
  OK. Good luck with everything.

POINT prepareの使い方は2つ

prepareの使い方の一つは［prepare＋もの］（もの＝documents, my lunch, etc.）。「…を用意する」の意。例えば、I have to prepare 50 PowerPoint slides.（パワーポイントのスライドを50枚用意しなければなりません）。もう一つは、［prepare for＋出来事］（出来事＝meeting, proposal, etc.）。。「…のために準備する」の意。

Please don't! 準備・用意はreadyではない

「準備」というと、readyを使ってI'm ready. やIt's ready. などと表現できる。しかし、手間のかかる「準備」には、prepare for . . . かprepareがベスト。肯定文だけでなく、疑問文、否定文などでもしっかりとこのパワーワードを使えるように練習しよう。ちなみにreadyは、get readyという形のイディオムで使う場面が多い。例えば「支度をしなくちゃ」なら、I need to get ready.。でも、目的語をgetとreadyの間に入れないといけないから、自然で使いやすいprepareに慣れよう。I'm getting a draft ready. より、I'm preparing a draft. で。

EXPAND ▶ prepare ／ prepare for . . .

☐ **1.** 今、書類を用意しているところです。

I'm preparing the documents now.

☐ **2.** まだいろいろ準備中です。もうちょっと時間をいただけますか。

I'm still preparing everything. May I have some more time?

☐ **3.** 会議の準備をしています。

I'm preparing for the meeting.

➡ 軽めの準備なら、I'm getting ready for . . . もOK

☐ **4.** プレゼンの準備をそろそろ始めませんか。

Why don't we start preparing for the presentation?

☐ **5.** たたき台を用意しましたので、チェックしてくださいますか。

I prepared a draft. Would you check it?

➡ 最後にwhen you have a chance を足すともっと丁寧に

94 look for . . .

…の募集をかける／…を探しているのですが、ご存じですか

> We're looking for a bilingual accountant.

094 SHORT RALLY

☐ **A:** すみません。面接会場を探しているのですが。
Excuse me. I'm looking for the interview room.

☐ **B:** こちらです。お名前をここにいただけますか。
This is it. May I have your name here?

☐ **A:** はい。経理担当者を募集中でいらっしゃるのですよね？
Sure. You're looking for an accountant, right?

☐ **B:** バイリンガルの経理を募集と広告には出しました。
The ad says we're looking for a bilingual accountant.
でも完全なバイリンガルである必要はありません。
But you don't have to be perfectly bilingual.
国際経験がある人を募集しているだけですよ。
We're just looking for someone with international experience.

214

POINT look for . . . は、「探す」の意味以外でも
広範に活用しよう

「これをお探しですか」を Are you looking for this? と言うのはもちろ
ん OK。でも、look for は「募集する」などの意味でも日常的に使われ
ている。下記 EXPAND 参照。

Please don't! 場所や人などを探している時も、**Where is ／ are
. . . ?** より **I'm looking for . . .** が丁寧

Where's TF Bank? だと、まるで「TF Bank はどこ？」と相手が知っ
ていて当たり前というややぶしつけな印象を与える場合もある。一方、
同じ場面で I'm looking for . . . なら、「…を探しているのですが、ご存
じですか」のニュアンスになる。また、漢字ベースの日本語とセンテン
スベースの英語の違いを意識。例えば、「息子は就職活動中」を My son
is doing job-hunting activities. と言っても通じない。この場合は、
My son is looking for a job. と言えば OK。look for「探す」と find
「見つける」もしっかり区別して。

発音は？ We're looking for . . . は「ウィア**ル**キンファ……」。
looking の語末は「グ」とはっきり発音しないで「ルッキン」。

EXPAND ▶ look for . . .

☐ **1.** 営業部で人材を募集しています。
　　We're looking for someone in Sales.

☐ **2.** アジアでの経験のある人を募集中です。
　　We're looking for someone with experience in Asia.

☐ **3.** どんな人を募集しているのですか。
　　What kind of person are you looking for?

☐ **4.** 弊社ではウェブサイトのデザインをする会社を探しています。
　　We're looking for a company to design our website.

☐ **5.** すみません。ITC ビルを探しているのですが、ご存じですか。
　　Excuse me. I'm looking for the ITC building.
　　➡ Where's . . . ? は唐突な印象になることも。上の Please don't! を参照

First
contact
Light
contact
Regular
contact
**Heavy
contact**

take care of . . .
…に対処する／…を片付ける／…にケリをつける

Would you take care of the budget issues?

095 SHORT RALLY

☐ **A:** また工場でトラブルが起きています。
There's a problem with the factory again.

☐ **B:** でも、去年の秋に工場の問題にはケリをつけましたよね。
But we took care of their problems last fall, right?

☐ **A:** ええ。でも、スタッフ同士でまたいさかいがあって、
Yes, but the staff is fighting again,
それに今年の損失はかなりの額になりました。
and they lost a lot of money this year.

☐ **B:** わかりました。私がスタッフの問題に対処しますから、
OK. I'll take care of the staff issues.
あなたは予算の問題に対処してくれますか。
Would you take care of the budget issues?

POINT | take care of . . . はビジネスシーンでこう使う

I have to take care of my children tonight. (今夜、子供たちの世話をしなければなりません) の take care of は「世話をする」。でもビジネスシーンでは「用件を片付ける」「問題に対処する」「ケリをつける」「(客に) 応対する」などの意味でよく使われる。なお、take care of . . . は「…に気をつける」「…に注意する」の意味ではほとんど使わない。それには be careful of を使う。また、Take care. と言えば別れ際の「元気でね、お気をつけて」のあいさつ。

Please don't! | 目的語からしゃべってしまう癖を直そう

注意しなければいけないのは、日本語の語順のまま英語に置き換えようとすること。この take care of を使ってセンテンスを話そうとする時も、つい目的語から始めてしまう人が多い。例えば、「予算の問題を処理しました」と言いたい時にただ単語を並べて、「あ〜、budget problem . . . えーっと take care . . .」のように言ってしまう。英語らしい発想は、「私たち、処理した、予算の問題を」の語順。つまり、We took care of the budget problem.。

EXPAND ► take care of . . .

☐ **1.** ■何か問題を指摘されて　私がすぐに対処します。

I'll take care of that right away.

➡ 「(私が) 気をつけます」なら I'll take care. でなく I'll be careful.

☐ **2.** 先に手続きを済ませなければなりません。

We have to take care of the paperwork first.

➡ paperwork は「手続き」「書類」「デスクワーク」などを広く指す

☐ **3.** あなたが対処してくださると、非常にありがたいのですが。

I'd really appreciate it if you took care of that.

☐ **4.** チャン氏の応対をお願いします。

Would you take care of Mr. Chang?

☐ **5.** ■待っている様子のお客さまに　もう、承っておりますか。

Is someone taking care of you already?

> You didn't lose that deal, right?

> It's no big deal!

(096) SHORT RALLY

☐ **A:** まさかあの契約をダメにしたんじゃないだろうね。
You didn't lose that deal, right?

☐ **B:** 実はそうなんです。でも、大したことないですよ！
Actually I did, but it's no big deal!

☐ **A:** なんだって？　わが社の最大の顧客だぞ。
What? They're our biggest client.

☐ **B:** でも、もっと良い取引条件を見つけました。
But I found a better deal.

☐ **A:** 確かなのか？
Are you sure?

☐ **B:** 本当です。
Trust me.

POINT — dealのメジャーな訳はこの4つ

辞書でdealの意味は「取り扱う」「与える」とも載っているが、実際は、動詞としてよりも、名詞としての使い方が主流。メジャーな意味は次の四つ。1. 条件、2. 契約、3. 約束。4. 騒ぎ。最後の「騒ぎ」はbig dealでいつもセットで言い表す。例えば、「大したことない」は、It's no big deal.。「…に騒ぐ」「…に大騒ぎする」は、make a big deal of . . .。ちなみにIt's a deal. は大人同士で言う「約束ですよ」。この場合、promiseを使うと少し子どもっぽくなる。

Please don't! — 辞書はうのみにしないこと

辞書の大きな問題はまず訳や言葉を厳選しないこと。つまり、可能な訳を、どんなにマイナーでも全部一緒くたに載せてしまっていること。だから、どの意味が主流なのか区別しようがない。そしてもう一つの問題は、現在では使われなくなっている意味も削除されることなく、時には、語義の一番目に載っていたりすること。例えば、pleaseを引くと「どうぞ」と書いてあるが、本来の「どうぞ」はpleaseではなく、例えばgo aheadなどだ。

EXPAND ▶ deal

□ **1.** もう少し良い取引条件にしていただきたいのですが。

We'd like a better deal.

➡ 「値引きしてもらいたい」「勉強してほしい」ということ

□ **2.** これがベストの取引条件だとは思いません。

I don't think this is the best deal.

➡ 「良い条件で取引できた」なら We got a great deal. (本書のカバー参照)

□ **3.** 約束ですよ。

It's a deal.

➡ 「よし、それで行きましょう」と決める時に使う

□ **4.** 彼はいつもつまらないことで大騒ぎをします。

He always makes a big deal about everything.

□ **5.** それほど大したこととは思わないのですが。

I don't think it's a big deal.

➡ もっとストレートに言うなら It's no big deal.

97 waste
無駄（にする）

I'm wasting
my life.

We're wasting a lot
of company time.

097 SHORT RALLY

☐ 若い運転手：こちらをどうぞ。
　Young driver: Here you are, sir.
　　　　　　　私は人生を無駄にしている。
　　　　　　　I'm wasting my life.

☐ スタッフ1：カバンをどうぞ。
　Assistant 1: Here's your bag.
　　　　　　　会社の時間がずいぶん無駄になってるよ。
　　　　　　　We're wasting a lot of company time.

☐ スタッフ2：ゴルフのご健闘をお祈りしています。
　Assistant 2: Good luck with your golf game.
　　　　　　　あああ、本当にお金の無駄！
　　　　　　　This is really a waste of money!

☐ 社長：　　　ありがとう。
　President:　Thanks!
　　　　　　　わが社の無駄はどうやって減らそうかな？
　　　　　　　How can our company cut back waste?

POINT waste というなじみのある言葉を「無駄」にしないで
動詞としても活用しよう

waste は「無駄」という意味。名詞としても動詞としてもよく使われる。
「〜は…の無駄だ」は、[主語＋be動詞＋a waste of . . .] と表現。
That's a waste of money. のように言う。一方、「無駄にする」なら、
動詞として使って、[主語＋waste＋目的語.]。例えば「人生を無駄に
している」なら「私は、無駄にしている、人生を」の語順で、I'm wasting
my life.。

Please don't! 辞書の語義がわかっても、それだけでは役に立たない

「これは無駄」と言う時のきつさは、日本語でも英語でも変わらない。な
るべくソフトな表現にはめて活用しよう。例えば、I think をつけて、「こ
れは無駄だと思うけど」のように。その他の注意点は、パワーワードを
よく使う自然な日本語とリンクさせること。それで使い方もわかるし、
早くペラペラになれる。つまり、waste は「浪費」より「無駄」という
なじみのある言葉にリンクさせておくことが大事。EXPAND の日本語
を見て、英語にしてみよう。その後、自分でもいろいろな例文を作って
みて。

EXPAND ▶ waste

□ **1.** もしかして、時間の無駄になるかもしれませんね。
I think that might be a waste of time.
➡ ソフトに言う時に I think . . . might 〜 はぴったり

□ **2.** 行動ではなく話し合いばかりに時間を浪費しています。
We waste time talking instead of acting.
➡ action を使って、of の後を taking action としても自然

□ **3.** 多少の時間を無駄にしましたが、大したことではないです。
We wasted some time, but it's no big deal.

□ **4.** 外注はお金の無駄にはならないと思います。
I don't think outsourcing is a waste of money.

□ **5.** 弊社はできるだけ時間の無駄を避けたいのです。
We'd really like to avoid wasting time.

There's a problem with the receptionist.

Would you recommend a few solutions?

((•)) 098 SHORT RALLY

☐ **A:** ポールさん、お忙しいところ申し訳ありません。
Paul . . . I'm sorry to bother you.

☐ **B:** いいえ、大丈夫です。何でしょう？
Don't worry about it. What do you need?

☐ **A:** あの受付の人は、ちょっと……。
There's a problem with the receptionist.
ゴンザレスさんの推薦だったのですが、
Mr. Gonzalez recommended her,
全然だめなんですよ。
but she's really unprofessional.

☐ **B:** いくつか解決案を提示してくれますか。
Would you recommend a few solutions?

☐ **A:** わかりました。では、明日この件について話しましょう。
OK. I'll talk to you about it tomorrow.

recommendが招くトラブルと便利さを知って

残念ながらこのパワーワードrecommendは、巷の本ではWhat do you recommend?の例文で紹介されていることがほとんど。だけど、こう言うと、相手に何か一つのものを推薦させることになり、それが気に入らなくても、「それを受けないと悪い」ような空気になってしまいがち。それで、「断ると失礼だから我慢しよう」と不本意な選択をしてしまうことも。それよりも、Would you recommend a few . . . ?「いくつか…を薦めていただけますか?」の方が相手に複数のチョイスを提示してもらえるし、その中から選べるから便利。few に続くのは candidates (候補者)、alternatives (選択肢)、dishes (料理) など。

 I recommend you . . . はNG

「あなたにお薦めします」のつもりで、I recommend you . . . と言わないこと。I recommendの次に「何を」という目的語が必要。つまり、I recommend +「お薦めするもの」をダイレクトにつけて。その後に to you を足すのはOK。また、気軽に薦めたり提案したりする場合に、suggest はrecommend と同じくらいよく使われる。

EXPAND ▶ recommend

□ **1.** ■発注先を決めるにあたって　何社か挙げていただけますか。
Would you recommend a few companies?

□ **2.** 何人かご推薦くださいますか。
Would you recommend a few people?

□ **3.** いくつかいい場所を教えていただけますか。
Would you recommend a few places?

□ **4.** これは本当にお薦めです。
I really recommend this.
➡ I really recommend you this. はNG

□ **5.** あまり賛成できません。
I don't recommend that.
➡ ソフトに「やめた方がいい」と言う時に便利で、よく使う

issue
99

問題／議題

> Why don't we talk about the insurance issue?

099 **SHORT RALLY**

☐ **A:** まず、何の話から始めればいいですかね？
What should we talk about first?

☐ **B:** ええと、クリスマス・ボーナスの件がありますけど。
Well, there's the Christmas bonus issue.

☐ **C:** 顧客の問題からの方がよいのではないかと思いますが。
I think we should talk about our client's issues.

☐ **B:** 例えば？
For example?

☐ **C:** 保険の問題について話しませんか。
Why don't we talk about the insurance issue?

☐ **B:** ああ、それはそうですね。
Oh . . . that's right.

224

POINT issueの適訳は「議題」より「件」

日本語の「議題」はちょっと堅苦しい印象もあるけど、英語でこれに相当するissueは、ごく気軽に使われる、コミュニケーションに必須の単語。意味的には「…の件」の「件」に近い。例えば、「予算の件・問題」はThe budget issue。でも、最初に「…の件（こと）ですが……」と話を切り出す時は、すでに紹介したAbout the . . . で（p. 190）。文中で「…の件は……」と話す時は、issueで。

Please don't! issue vs problem、この2つの語感をゲットしよう

problemはご存じのように「問題」だが、クレームをつけたい時やトラブっている時にどんどん使ってほしいもの。例えば、There's a problem with . . . で素早く大人らしく問題解決をはかることは必要（p. 44）。だけど、「…の問題はどうする？」と軽く聞きたい時にproblemを使ってしまうと、軽い意味には取れない。problemは必ず、何かが違っている、もめている、壊れている、などの複雑な「問題」を指すことになるから注意。だから、悪い意味を主張する意図がない時は、problemでなくissueで。

EXPAND ▶ issue

☐ **1.** もう一件よろしいですか。

There's one more issue.

☐ **2.** 残業の問題にはもう決着がつきましたか。

Did we solve the overtime issue already?

☐ **3.** 駐車の件についてお話したいのですが。

I'd like to talk to you about the parking issue.

☐ **4.** その問題は後で話しませんか。

Why don't we talk about that issue later?

➡ この場合のissueはconcernとの差し換えも可能

☐ **5.** この問題はあまりよくわかりませんが。

I really don't understand this issue.

business

100

経営／経営状態／取引

This is business.

100 SHORT RALLY

□ **A:** あなたの部署から1人、異動させないといけないのですが。
We have to transfer one person out of your department.

□ **B:** でも、われわれは一つのチームなんです。みんな自分の仕事をとても頑張ってやってます。
But we're a team. Everyone really loves their jobs.

□ **A:** トムさん、わが社は赤字なんですよ。最近、経営状態が悪いんです。
Tom, we're in the red. Business is really bad lately.
もっと効率化を図らなければ、つぶれます。
We have to be more efficient or we'll go out of business.

□ **B:** わかっていますけど、みんな全力を尽くしているんですよ。
I know, but everyone is doing their best.

□ **A:** トムさん、わりきらなくちゃ。
Tom, this is business.

□ **B:** 今期は利益を出します。大丈夫です。
My team will turn a profit this fiscal year. Trust me.

226

First
contact

Light
contact

Regular
contact

**Heavy
contact**

 ビジネス・コミュニケーションに、たくさんのイディオムは
不要。businessのようなパワーワードを使いこなして

businessという言葉これ自体、ビジネス・コミュニケーションでは、素晴らしい威力を発揮する。こんななじみのある言葉こそ英会話力になる。レパートリーに入れておこう。

● do business with～（～と取引がある／～と取引する）
　※応用範囲の狭いassociate、engage、have relations withなどは覚えなくていい
● Business is good／bad.（経営状態がいい／悪い）
● . . . is good for business.（…によって繁盛する）
● go out of business（つぶれる）
● This is business.（わりきらなくちゃ）
　＝ This is not personal.「個人に対する指摘ではありません」

 流暢さの源泉は、語彙の多さではない

専門用語を覚えたからといって会話力がつくわけではない。会話力の要は、基本的な構文を使い回す力と、説明する力。ボキャブラリー本に頼らないで、どんな会話にもついていける力をつけよう。

EXPAND ▶ business

□ **1.** 弊社はフランスの会社と少し取引があります。

We do some business with a French company.
➡「取引」や「関係している」にはrelationsを使わないように

□ **2.** ZDSとの取引はこれで2回目です。

This is the second time we've done business with ZDS.

□ **3.** 今年の経営状態はまあまあよかったです。

Business was pretty good this year.
➡so-soだと「まあまあ」ではなく、「あんまりよくない」の意

□ **4.** パニックは経営に悪影響を及ぼします。

Panic is not good for business.

□ **5.** それはあなたには全く関係がないことです。

That's really none of your business.

PRESENTATION

▼ ▼ ▼

悪い例：用意した原稿を読み上げる

▼

Considerations in Buying a New TV

Price 45%

> This data is derived from questions posed to City customers who described their TV purchasing decisions. This chart is the result of a survey we conducted on City customers in Chicago. We asked the respondents to choose the most important thing for them when purchasing a TV. We should take notice that price was the top choice with about 45% saying that price was the most important consideration.

新しいテレビを買う際の考察について

このデータは、都市型消費者がテレビを購入するときの主な考察点についての調査に基づくものです。グラフは、シカゴの都市型消費者に対して行った結果です。われわれは回答者にテレビを購入する際に最も重視する点は何か尋ねました。その結果、価格を重視すると答えた人が45パーセントで、価格が最も重要な購入の決め手になっていることがわかりました。

プレゼン失敗のモト

まず致命的なのは厄介な原稿。内容をきちんと整えたいのはわかるが、Never try to impress your audience with difficult words.（難解な言葉で聴衆を魅了しようとしないこと）。次に問題なのは、プレゼンター自身が自分でプレゼンしていないこと。つまり、原稿を棒読みしてしまっている。そして、第三に漢字熟語を直訳することもNG。「都市型消費者」はCity customersでは通じないので、かみ砕いて説明しよう。

世界に通じるプレゼン術のルールは3つ。

1. Talk to your audience, don't read to them.
   （聴衆に語りかけよ。棒読みするな）
2. Explain it step by step.
   （ステップ・バイ・ステップで説明せよ）
3. Use simple terms instead of technical terms.
   （専門用語でなく、かみ砕いた簡明な言葉を用いよ）

Why did you buy your TV?

We talked to 100 people in Chicago.

They bought TVs this year.

We asked one question: "Why did you buy your TV?"

Most people said price.

About 45% said price was the most important factor.

なぜ、テレビを買ったのですか？
私たちは、シカゴ在住の100人に調査しました。
彼らは今年テレビを購入した人です。
一つの質問をしました。それは、「なぜ、そのテレビを買ったのですか」。
ほとんどの人は価格だと言いました。
45パーセントの人が価格が最も重要な要素だと回答しました。

まず、話し方。原稿を読み上げるのでなく、聞き手に直接語りかけること。専門用語や厄介な熟語をかみ砕き、最大公約数に向けて話すこと。よく言われるのは Explain it to me as if I'm 4 years old.（4歳児に話すように説明せよ）。どれだけ小難しく言えるかが日本製ビジネス英語のポイントだとしたら、世界のビジネス・コミュニケーションでは、どれだけわかりやすくステップ・バイ・ステップで説明できるかが成否の分かれ道。

Bonus Track

ペラペラ瞬発トレーニング100!

「ペラペラ瞬発トレーニング100!」は音声のみで学習することも可能です。ダウンロード音声の「Bonus_Track」フォルダに格納されているファイルを使用します。

各ページのトラック表示は、再生するファイルの番号に対応しています。

例えば、 なら「001_Unit1_10」のファイルを、 なら「002_Unit11_25」のファイルを再生してください。

[トレーニング音声はこんなふうに進みます]

（ユニット番号（英語））

例）"Unit 1"

⬇

（フレーズ（日本語）） お題です！

例）「今日は会議があります」

⬇

（ポーズ） あなたに与えられた回答時間です！

ソレイシィ先生が出題した日本語フレーズを素早く英語に変換して言ってください。

※直前に「どうぞ」「Go ahead.」など、回答を促す合図が入る場合もあります。

⬇

（答え合わせ（英語）＋ミニ解説（主に英語）） 正解は一つではありません！

例）「I have a meeting today.」

答え合わせの後に続くミニ解説では、「Or . . .」（または…）、「You could also say . . .」（…と言うこともできます）、「There're other ways to say this.」（別の言い方もあります）などと、複数の回答例が紹介されたり、「Try to avoid saying . . .」（「…と言うのは避けましょうね」）と、日本人学習者にありがちなNG表現が取り上げられたりすることもあります。

本書の各ユニットで学んだフレーズを使って、言いたいことを英語で発信する練習をしよう。
赤シートで回答例を隠し、日本語を英語にしてみて。
ただし、正解は一つではない。主語や代名詞、冠詞などは臨機応変にね。
瞬発力を発揮してどんどん話すことを優先しよう。

こちら側を赤シートで隠そう！

001	日本語	英語回答例
Unit 1	何ておっしゃいましたか?	Sorry?
Unit 2	どうぞおかけください。	Have a seat.
Unit 3	はじめまして。[あなたの名前]です。	Hi. I'm [あなたの名前].
Unit 4	営業部をお願いできますか。	May I have Sales, please?
Unit 5	もう一度お願いできますか。	Would you say that again, please?
Unit 6	少々お待ちください。	Just a moment, please.
Unit 7	(「インクはないですか」と聞かれて)申し訳ありませんが、ただ今、切らしています。	I'm sorry, but we're out right now.
Unit 8	ちょっとわかりかねます。	I'm not sure.
Unit 9	混んでいますねぇ。	It's crowded, isn't it?
Unit 10	では、またいつか。	See you again sometime.

※（ ）内の語は省略可能、__/__の下線部の語は入れ替え可能であることを示します。

	日本語	英語回答例
Unit 11	価格をお伺いしてもよろしいですか。	May I ask how much this is?
Unit 12	（難しい仕事を頼まれて） まあ、頑張ってみます。	Well, I'll do my best.
Unit 13	この電話、おかしいみたいですね。	There's a problem with this phone.
Unit 14	お忙しいところ申し訳ありません。	I'm sorry to bother you.
Unit 15	（打ち合わせ中にケイタイが鳴ってしまった！）あっ、私の電話です！ 申し訳ありません。	Oh, that's my phone! I'm sorry about that.
Unit 16	（「ごめんなさい」と謝られて） 気にしなくていいですよ。	Don't worry about it.
Unit 17	（「報告書を見ていいですか」と聞かれて） それは困ります。まだ途中なので。	Please don't. We still need to work on it.
Unit 18	デザインは良さそうですが、少し暗めですね。	The design looks good, but this is a little dark.
Unit 19	（商品の製造が遅れていると言われて） いつできあがりますか。	When will it be ready/finished?
Unit 20	（契約条件を口頭で言われて） それを書面でいただきたいのですが。	I'd like that in writing.
Unit 21	今日の打ち合わせの変更をお願いしたいのですが、よろしいですか。	I'd like to re-schedule today's meeting. Is that OK?
Unit 22	「サンネット」をご存じですか。	Have you ever heard of "Sun Net" ?
Unit 23	彼はただ今、外出しております。	He's <u>out</u>/<u>not here</u> right now.
Unit 24	念のため、プリントしたものをお送りします。	I'm sending a <u>hard copy</u>/<u>print out</u>/<u>printed version</u> just in case.
Unit 25	（何かを渡しながら） これ、あなた宛てです。	This is for you.

	日本語	英語回答例
Unit 26	週末はいかがでしたか？	How was your weekend?
Unit 27	実は、二日酔いなんです。	Actually, I have a hangover.
Unit 28	見学していかれますか。	Would you like a tour?
Unit 29	どうも、またお世話になります。	It's so nice to see you again.
Unit 30	今日は貴重なお時間を、どうもありがとうございました。	Thank you so much for your time today.
Unit 31	販売キャンペーンはうまくいっていますか。	How's the sales campaign going?
Unit 32	お手すきの時に、こちらをチェックしていただけますか。	Would you check this when you have a chance?
Unit 33	今、私のオフィスに来られますか。	Can you come to my office now?
Unit 34	彼に贈り物をするのは禁止なんです。	We can't buy him presents.
Unit 35	（社内で、場所の案内をする）社長室はおわかりですよね。	Do you remember the president's office?
Unit 36	私のメール、ご覧いただけましたか？	Did you see my e-mail?
Unit 37	では、予算案についてお話しましょうか。	Why don't we talk about the budget?
Unit 38	ここでは煙草を吸わないでいただけると、大変ありがたいのですが。	I'd really appreciate it if you stopped smoking here.
Unit 39	（「来週、注文を入れます」と言われて）よろしくお願いいたします。	I look forward to that.
Unit 40	もし何か問題がありましたらご連絡ください。	If there're any problems, please let me know.

※（　）内の語は省略可能、__/__の下線部の語は入れ替え可能であることを示します。

	日本語	英語回答例
Unit 41	会議室を押さえておきます。	I'll reserve the conference room.
Unit 42	予算内に収めてもらえるとありがたいのですが。	I hope you can stay within the budget.
Unit 43	もっと時間があったらいいのに。	I wish we had more time.
Unit 44	今日は一日中、忙しかったんです。	I've been busy all day.
Unit 45	残念ながらそうです。	I'm afraid so.
	残念ながらそうではありません。	I'm afraid not.
Unit 46	大きなサイズのカラーコピーはどこに行けばとれますか。	Where can I get big color copies?
Unit 47	職務経験はありますか。	Do you have work experience?
Unit 48	料金はどんな感じですか。	What are your fees like?
Unit 49	（同僚と残業中に）今日中に終わるかなぁ。	Do you think we can finish today?
Unit 50	もう遅いのではないでしょうか。	I think it's too late.
Unit 51	うまくいかなかったらどうしますか。	What if it doesn't work?
Unit 52	急がない方がいいと思います。	I don't think we should rush.
Unit 53	（鋭い質問を受けて）確かにね。	That's a good question/point.
Unit 54	天気のことが心配なんです。	We're concerned about the weather.
Unit 55	（企画書を見せながら）これはたたき台に過ぎません。	It's (still) just a draft.

	日本語	英語回答例
Unit 56	今、戻ったところです。	I just got back.
Unit 57	ずいぶん寒くなってきましたね。	It's gotten so cold.
Unit 58	昇進はしたけど、昇給はしなかったんです。	I got a promotion, but I didn't get a raise.
Unit 59	弊社のオーダーをキャンセルさせていただくことになりました。	We decided to cancel our order.
Unit 60	先週、大きな会議があったんです。	We had a big meeting last week.
Unit 61	とりあえずこの部屋が使えます。	We can use this room for now.
Unit 62	時間通りにお願いしますね／遅れないでくださいね。	Please be on time.
Unit 63	お電話を転送いたします、少々お待ちください。	I'll transfer you. Just a moment, please.
Unit 64	御社のIT部門の責任者はどなたですか。	Who runs your IT department?
Unit 65	デスクの整理をしないと。	I have to organize my desk.
Unit 66	リストに優先順位をつけませんか。	Why don't we prioritize the list?
Unit 67	バスに乗り遅れちゃって。	I missed <u>my</u>/<u>the</u> bus.
Unit 68	お尋ねしたいのですが……これは有料ですか。	May I ask . . . Do you charge for this?
Unit 69	多くの人がわが社のブランドが好きだと回答しました。	A lot of people said they liked our brand.
Unit 70	手を貸しましょうか／お手伝いしましょうか。	Would you like <u>some help</u> / <u>a hand</u>?

※（ ）内の語は省略可能、＿／＿の下線部の語は入れ替え可能であることを示します。

235

	日本語	英語回答例
Unit 71	もう帰るんですか？	You're going home already?
Unit 72	（採用したい人を聞かれて）元気な人が必要でしょう。	We need someone with a lot of energy.
Unit 73	彼に「変化が重要だ」と言われたんですが、どういう意味だったんでしょう？	He said, "Change is important." But what did he mean?
Unit 74	ファクス機はあまりチェックしていないんです。	I don't check the fax machine often.
Unit 75	彼女の発言にはあまり共感しませんでした。	I didn't really <u>like</u>/<u>agree with</u> her comments.
Unit 76	普通、11月は、こんなに雨は降らないものですよね。	Usually, it doesn't rain this much in November.
Unit 77	羨ましいな。頑張ってくださいね！	You're lucky. Good luck!
Unit 78	最近、とても忙しくしています。	I've been <u>really</u>/<u>so</u> busy lately.
Unit 79	正確な数字はちょっとわかりません。	I'm not sure of the exact number.
Unit 80	明日ローマに行かなければいけないんです。	I have to go to Rome tomorrow,
Unit 81	もっと謝礼を多く提示した方がいいでしょうか。	Should we offer more money?
Unit 82	工事の件ですが……数時間止めてもらうことは可能ですか。	About the construction . . . Can you stop for a few hours?
Unit 83	明日のミーティング、出ますよね？	You're coming to the meeting tomorrow, right?
Unit 84	締切は何時でしたっけ？	What time was the deadline, again?
Unit 85	今ちょうど取引先のオフィスに着いたところなんです。	I just <u>got to</u>/<u>arrived at</u> my client's office.

	日本語	英語回答例
Unit 86	申し訳ございませんが、彼女は本日、休みです。	I'm sorry, but she's off today.
Unit 87	リストラは私の国でも大きな問題になっています。今年は400人も削減しなければなりませんでした。	Cutbacks are a big issue in my country, too. We had to cut back 400 jobs this year.
Unit 88	（新商品について聞かれて）適切な名前が重要です。	I think the right name is important.
Unit 89	低金利のチャンスを生かせますよ。	We can take advantage of low interest rates.
Unit 90	（電話をもらって）こちらからかけ直します。	I'll call you back.
Unit 91	もっと時間をもらえるように交渉しませんか。	Why don't we negotiate for more time?
Unit 92	香港支社に売上報告を頼んでくれますか。	Would you ask Hong Kong for the sales report?
Unit 93	プレゼンの準備をしているのですが。	I'm preparing for the presentation.
Unit 94	すみません。面接会場を探しているのですが。	Excuse me. I'm looking for the interview room.
Unit 95	その問題には去年の秋にケリをつけましたよね。	We took care of the problems last fall, right?
Unit 96	まさか、あの商談／契約をダメにしたんじゃないだろうね。	You didn't lose that deal, right?
Unit 97	私は人生を無駄にしている。	I'm wasting my life.
Unit 98	営業部長が彼を推薦したんです。	The sales manager recommended him.
Unit 99	（会議の議題を聞かれて）顧客の問題について話した方がいいと思います。	I think we should talk about the client's issues.
Unit 100	割り切らなくちゃ。	This is business.

※（　）内の語は省略可能、＿／＿の下線部の語は入れ替え可能であることを示します。

英会話ペラペラビジネス100 INDEX

英会話ペラペラビジネス100

逆引きINDEX

本書収載の100のパワーワーズ&フレーズを用いた約700の例文を「あいうえお順」にまとめたINDEXです。索引としての他、日本語を見て英語で言ってみる、「日本語→英語」発想トレーニングのクイック・チェックシートとしても活用してください。

う

え

お

☐	お手すきの時に…ICM社の電話番号を教えていただけますか。	May I have ICM's number . . . when you have a chance?	87
☐	お手すきの時に、Wさんに電話をしていただけますか。	Would you call Mr. W when you have a chance?	87
☐	お手すきの時に、1部、送っていただけますか。	Would you send me a copy when you have a chance?	87
☐	お手すきの時に…この書類にご署名をお願いできますか。	May I have your signature on these papers . . . when you have a chance?	87
☐	お手すきの時に、これを郵便で送っていただけますか。	Would you mail this when you have a chance?	87
☐	お手すきの時に、メールでお送りくださいますか。	Would you send it by e-mail when you have a chance?	86
☐	お手すきの時にでも、これをチェックしていただけますか。	Would you check this when you have a chance?	86
☐	お電話をいただいたのに、不在ですみません。	I'm sorry I missed your call.	161
☐	お名前をいただけますか。	May I have your name, please?	22
☐	お名前をフルネームで教えていただけますか。	May I have your full name, please?	23
☐	オフィスはどんな感じですか。	What's their office like?	118
☐	お返事お待ちしております。	I look forward to hearing from you.	101
☐	お待たせして大変申し訳ありません。	I'm so sorry to keep you waiting.	47
☐	お待たせして申し訳ありませんでした。	I'm sorry to keep you waiting.	46
☐	お待ちになれますか。（電話口で）	Can you hold?	89
☐	お見積もりに料金はかかりますか。	Do you charge for estimates?	163
☐	お戻りになったら、電話をしていただけますか。	Would you call me when you get back?	196
☐	お約束はできませんが、頑張ってみます。	I can't promise, but I'll do my best.	43
☐	御社のIT部門の責任者はどなたですか。	Who runs your IT department?	134
☐	御社の新しいウェブサイトはうまくいっていますか。	How's your website going?	85
☐	御社のオフィスはどんな感じでしょうか。	What's your office like?	119
☐	御社の裁量でお願いいたします。	It's up to you and your company.	129
☐	御社の社風を教えていただけますか。	What's your company like?	119
☐	オンラインショップを閉鎖することになりました。	We decided to shut down our online store.	141
☐	海外に飛ばされないといいのですが。	I hope I don't get transferred abroad.	153
☐	会議室を押さえておきます。	I'll reserve the conference room.	104
☐	会議の準備をしています。	I'm preparing for the meeting.	213
☐	会議はどうでした？	How was your meeting?	71
☐	概算に過ぎませんが。	It's just an estimate.	133
☐	会社の時間がずいぶん無駄になってるよ。	We're wasting a lot of company time.	220
☐	会社はいろいろと順調ですか。	How's everything going with your company?	85
☐	外注はお金の無駄にはならないと思います。	I don't think outsourcing is a waste of money.	221
☐	価格交渉はできますか。	Can we negotiate for a better price?	209
☐	価格をお伺いしてもよろしいですか。	May I ask how much this is?	40
☐	確認しておきます。	I'll check.	105
☐	画質の良いカラーコピーはどこでとれますか。	Where can I get good color copies?	114
☐	加藤はただ今、接客中でございます。	Ms. Kato is with someone right now.	65
☐	かなり暑くなってきましたね。	It's gotten so hot.	137
☐	かなり厳しくなってきましたよね。	It's gotten so strict.	136
☐	彼女にかけ直してもらうようにしましょうか。	Would you like her to call you back?	207
☐	彼女の上司はただ今、接客中でございます。	Her boss is with someone right now.	64
☐	彼女はゴンザレスさんの推薦だったのですが。	Mr. Gonzalez recommended her.	222
☐	彼女は「昇給しないと困る」と言ったのですか。	Did she say, "I'd like a raise"?	173
☐	株式市場は回復しますかね。	Do you think the stock market will recover?	121
☐	髪を切らなくちゃ。	I have to get a haircut.	139
☐	カメラを内蔵した電話が個人向けカメラに取って代わった。	Phones with cameras have replaced most consumer cameras.	171
☐	彼、会ってくれた？	Did he see you?	95
☐	彼、普段は時間に正確ですか。	Usually, is he on time?	179
☐	彼が怒らないといいのですが。	I hope he doesn't get mad.	107
☐	彼とはあまり話しません。	I don't talk to him often.	175
☐	彼ならほんの5分前に会ったばかりだけど。	I just saw him five minutes ago.	135
☐	彼に迷惑をかけるわけにはいかないですからね。	We can't get him in trouble.	90
☐	彼はいつもつまらないことで大騒ぎをします。	He always makes a big deal about everything.	219
☐	彼はいつ戻りますか。	When will he be back?	57
☐	彼はすごく太ってきましたね。	He's gotten so heavy.	137

☐	コーヒーはどこに行けば買えるのでしょうか。	Where can I get some coffee?	167
☐	コーヒーを入れます。	I'll make some coffee.	104
☐	顧客の問題からの方がよいのではないかと思いますが。	I think we should talk about our client's issues.	224
☐	国際経験がある人を募集しているだけですよ。	We're just looking for someone with international experience.	214
☐	ここで何か聞き逃してしまいましたか？	What did I miss here?	160
☐	ここは吸わないでいただけると、大変ありがたいのですが。	I'd really appreciate it if you stopped smoking here.	98
☐	ここに書いていただけますか。	Would you write that here?	25
☐	ここは記入しなくても大丈夫ですよ。	Don't worry about this part.	51
☐	ここは涼しくて気持ちがいいですね。	It's nice and cool here, isn't it?	33
☐	ご愁傷様です。（「社長が亡くなりました」と言われて）	I'm so sorry to hear that.	47
☐	こちらこそ、よろしくお願いします。	It's so nice to see you, too.	76
☐	こちらこそよろしくお願いいたします。	We look forward to doing business with you.	100
☐	こちらは最近とても忙しいです。	I've been really busy lately.	182
☐	今年の経営状態はまあまあよかったです。	Business was pretty good this year.	227
☐	今年は業績の悪い半期が2期あったから。	We had two bad quarters this year.	142
☐	今年は社内にいろいろな変革がありました。	We had a lot of changes at our company this year.	143
☐	今年は利益が出ますかね。	Do you think we'll make a profit this year?	121
☐	このアプリならそんなに不具合は起きません。	We don't have problems with this app often.	175
☐	このアプリを導入していない支店は、事務処理にかなりの時間を浪費している。	The branches without this app waste a lot of time on paperwork.	171
☐	この一週間ずっと具合が悪かったのです。	I've been sick all week.	110
☐	この会社には有給休暇はあるのかな。	Do you have paid vacations?	116
☐	この経費はどう計上すればいいのでしょうか。	How should we divide the cost?	189
☐	この件を社外の人に漏らしてはなりません。	We can't talk about this with people outside the company.	91
☐	このコンセプトが弊社にとっては重要なのです。	This concept is important to our company.	203
☐	このコンピューターは使わないでください。	Please don't use this computer.	53
☐	この四半期は本当に大変でした。（期末に振り返って）	We had a really difficult quarter.	143
☐	この書類を整理していただけますか。	Would you organize these papers?	157
☐	この電話、おかしいみたいですね。	There's a problem with this phone.	44
☐	この夏を有効に活用したいですね。	We'd like to take advantage of the summer season.	204
☐	このプロジェクト、手に負えなくなってきてましたね。	This project's gotten so out of hand.	137
☐	この問題はあまりよくわかりませんが。	I really don't understand this issue.	225
☐	ご無沙汰して、すみません。	I'm sorry I haven't kept in touch.	77
☐	ごめんなさい。	Sorry about that.	49
☐	ご来社いただいたのに、不在で本当に申し訳ありません。	I'm so sorry I missed your visit.	161
☐	ご理解いただけると幸いです。	I hope you can understand.	107
☐	これ、ハウエルさん宛てなのですが。	This is for Mr. Howell.	68
☐	これが大切だとおっしゃいましたよね。	You said this is important, right?	203
☐	これがベストの取引条件だとは思いません。	I don't think this is the best deal.	219
☐	これは、会議用です。	This is for the meeting.	69
☐	これは、缶用ではありません。	This is not for cans.	69
☐	これは外線電話用です。	This is for calls outside the company.	69
☐	これは仮のタイトルに過ぎませんが。	It's just a working title.	132
☐	これは経理部宛てですか。	Is this for Accounting?	69
☐	これはケースバイケースですね。	It's a case by case situation.	129
☐	これは税関申告用です。	This is for customs.	69
☐	これは別料金ですか。	Do you charge for this?	162
☐	これは本当にお薦めです。	I really recommend this.	223
☐	これらはすべて重要な点です。	These are all important issues.	202
☐	これを大至急最終版にしていただけるとうれしいです。	I hope you can finalize this ASAP.	159
☐	これを転送していただくことは可能ですか。（他部署にかけてしまった時に）	Can you transfer my call?	153
☐	これを優先してくださると大変幸いに存じます。	I'd really appreciate it if you prioritized this.	159
☐	今月は素晴らしかった。	We had a great month.	142
☐	今月末に振り込んでおきます。	I'll transfer it at the end of the month.	105
☐	今後ともお仕事をご一緒させていただけると幸いです。	I hope we can do business in the future.	107
☐	今後ともよろしくお願いします。	I look forward to working with you.	101

今週、彼女は休みをいただいております。	She's off this week.	199
今週一週間休んでいました。	I've been off all week.	111
今週は仕事が山積みだ。	I have a ton of work this week.	73
今週はずっとドイツにいました。	I've been in Germany all week.	111
今週末、出勤は可能ですか？	Can you work this weekend?	88
混んでますねぇ。	It's crowded, isn't it?	32
こんな会社に入らなければよかった。	I wish I didn't work here.	108
こんなにたくさんの仕事がなければよかったのに。	I wish I didn't have all this work.	109
今晩、全部終わらせないといけないのです。	I have to finish everything tonight.	186
最近、経営状態が悪いんです。	Business is really bad lately.	226 さ
最近、ちょっとリストラがありました。	We had some cutbacks lately.	143
最近のキャンペーンは大成功でした。	Our latest sales campaign was a big success.	182
最近は全然新聞を読んでいません。	I haven't read the newspaper at all lately.	183
最新版は、どこで手に入りますか。	Where can I get the latest version?	183
最新版を添付／同封させていただきます。	I'm sending the latest version.	67
幸いなことに、けがをした人はいませんでした。	Luckily, no one got hurt.	181
先に手続きを済ませなければなりません。	We have to take care of the paperwork first.	217
先延ばしにするのをやめていただけると、大変ありがたいですね。	I'd really appreciate it if you stopped procrastinating.	99
昨年、弊社では100人をリストラしました。	Our company cut back 100 employees last year.	201
昨年は昇給しましたが、今年は減給されました。	I got a raise last year, but I got a paycut this year.	139
昨夜ニュースを聞き逃したんだけど、AMC社に何があったの？	I missed the news last night. What happened to AMC?	161
サリーさんでいらっしゃいますよね？	You're Sally, right?	193
サリーさんに今夜遅く連絡するよう頼みましょうか。	Why don't we ask Sally to call later tonight?	210
残業の件をご存じですよね？	Do you remember the overtime issue?	93
残業の問題にはもう決着がつきましたか。	Did we solve the overtime issue already?	225
「サンネット」をご存じですか。	Have you ever heard of "Sun Net"?	62
残念ながら、ありません。	I'm afraid not.	112
残念ながら、現時点ではできかねます。	I'm afraid we can't right now.	113
ジェーンの意見にはあまり共感しませんでした。	I didn't really like Jane's comments.	176 し
時間通りに終えられるといいですが。	I hope we can finish on time.	151
時間通りにお願いします。	Please be on time.	150
時間通りに始めないといけませんからね！	We have to start on time!	150
時間通りに間に合うでしょうか。	Do you think it'll be on time?	151
時期についてはわかりかねます。	I'm not sure when.	31
式典はもっといい天気ならよかったのに。	I wish we had better weather for the ceremony.	109
自社で開発できるかな。	Do you think we can develop this ourselves?	121
自社のオンラインストアの管理をしています。	I run my company's online store.	154
実は私、上司が苦手なんです。	Actually, I have a problem with my boss.	73
支払い予定はどうなっていますか。	What's the pay schedule like?	119
自販機で何か要りますか。	Would you like something from the vending machine?	167
締切は何時でしたっけ？	What time was the deadline, again?	194
じゃ、またいつか。／じゃ、またお会いできたら。	See you again sometime.	34
社長室はおわかりですよね。	Do you remember the president's office?	92
社長はどんな感じの人ですか？	What's their president like?	118
社に戻りましたら、お電話いたします。	I'll call you when I get back to the office.	197
「終身雇用」をご存じですか。	Have you ever heard of "lifetime employment"?	63
週末はいかがでした？	How was your weekend?	70
上司に、弊社では無理だと言われました。	My boss said, "We can't do that."	173
上司のティナさんに、5月までに10人削減するように言われました。	My boss, Tina said, "Cut back ten jobs by May."	172
上司とはいろいろうまくいってますか。	How's everything going with your boss?	85
少々お待ちください。	Just a moment, please.	26
昇進はしたのですが、昇給はしなかったのです。	I got a promotion, but I didn't get a raise.	138
ショーンさんに、これを金曜までに仕上げるように言われました。	Shawn said, "Finish this by Friday."	173
初回のご相談は無料です。	We don't charge for the initial consultation.	163
初回の振込は来月になりますが、それでよろしいでしょうか。	We'll transfer the first payment next month. Is that OK?	61

245

	初期費用ではなく、月額料金が気になります。	I'm concerned about the monthly fees, not the initial fees.	131
☐	食事代を出すことも（できません）。	We can't pay for his dinner!	90
☐	職務経験のある人が必要だと思うな。	I think we need someone with experience.	170
☐	職務経験はあるのかしら。	Do you have work experience?	116
☐	新規株式公開はうまくいっていますか。	How's the IPO going?	85
☐	人事評価をもらったのですが。	I got my personnel evaluation.	138
☐	新聞広告の件ですが、もう最終決定になりましたか。	About the newspaper ad . . . Did we finalize it already?	191

す

☐	推測に過ぎませんが。	It's just a guess.	133
☐	ずいぶん寒くなってきましたね。	It's gotten so cold.	136
☐	杉並をご存じですか。	Have you ever heard of Suginami?	63
☐	すぐにかけ直します。	I'll call you back.	206
☐	すぐに対処していただけると幸いです。	I hope you can take care of it soon.	107
☐	すぐに電話して押さえた方がいいでしょうね。	We should call and book him ASAP.	188
☐	スケジュールについて話しませんか。	Why don't we talk about the schedule?	97
☐	すごく寒いですね。	It's freezing, isn't it?	33
☐	すごくつまらないスピーチを聞き逃しただけですよ。	You missed some really boring speeches.	160
☐	少し暗めですね。	This is a little dark.	54
☐	ストライキになったらどうしましょう。	What if there's a strike?	124
☐	スピーチの用意ができていなくて。	I still haven't prepared my speech.	212
☐	全てをちゃんと理解できたわけではありません。	I couldn't really understand everything.	176
☐	スミスさんはどちらの方でしたっけ？（本人ではなく、第三者に尋ねて）	Which one was Mr. Smith, again?	195
☐	すみませんが、もう一度だけお願いできますか。	I'm sorry, but would you say that one last time?	25

せ

☐	正確でなくてもいいのです。	You don't have to be exact.	184
☐	正確ではありませんが、たぶん原価は2万ドルくらいだと思います。	It's not exact, but I think the costs are about $20,000.	185
☐	正確な数字はちょっとわかりません。	I'm not sure of the exact number.	184
☐	正確なものにはならないと思いますが、それでよろしいですか。	I don't think it'll be exact. Is that OK?	185
☐	正確に言った方がいいですか。	Should I be exact?	185
☐	請求書が間違っているようですが。	There's a problem with the invoice.	45
☐	整頓は成功の鍵。	Organization is the key to success.	157
☐	政府はまた、金利を下げた。	The government cut back interest rates again.	201
☐	セキュリティー上の問題があります。	We have a few security issues.	73
☐	せっかくのお誘い、感謝します。でも、今日は本当に時間がないのです。	Thank you so much for asking, but I'm really busy today.	79
☐	せっかくのお話ですが、今回は見送らせていただきます。	Thank you so much, but we're not interested right now.	79
☐	絶対に遅れないようにします。	I promise I'll be on time.	150
☐	絶対に忘れないでくださいね。	Please don't forget.	52
☐	背中の調子はいかがですか？	How's your back?	71
☐	ぜひよろしくお願いいたします。／よろしくお願いいたします。	I look forward to that.	100
☐	ぜひよろしくお願い申し上げます。	I really look forward to that.	100
☐	先月シベリアに転勤になった者ですけれども。	I got transferred to Siberia last month.	152
☐	先月の売上はどうでしたか？	How were our sales last month?	71
☐	先月も彼女に頼んだのですよ。	I asked Sally to call last month, too.	210
☐	先日はいろいろすみませんでした。	I'm sorry about everything the other day.	49
☐	先週、大きな会議があったのですが。	We had a big meeting last week.	142

そ

☐	そういうことになりますね。	I'm afraid so.	112
☐	そういった依頼はあまり受けないので、上司に尋ねてみないとわかりません。	We don't get that kind of request often, so I have to ask my boss.	175
☐	倉庫にはいつ届きますか。	When will it be at our warehouse?	57
☐	そうじゃないかな。	I think so.	123
☐	漱石をご存じですか。	Have you ever heard of Soseki?	63
☐	相談にのってくださって、どうもありがとうございました。	Thank you so much for your advice.	79
☐	そこに何時に着いていればよろしいですか。	What time should we get there?	197
☐	そこには入らないでください。	Please don't go in there.	53
☐	おたくのウェブページに問題があるようですよ。	There's a problem with your web page.	44
☐	その株を買っておけばよかった。	I wish I bought that stock.	109
☐	その口座には預金がかなりあります。	There's a lot of money in that account.	165
☐	そのことは気にする必要ないと思う。	I don't think we should worry about that.	127

た

ち

	日本語	English	ページ
☐	チャン氏の応対をお願いします。	Would you take care of Mr. Chang?	217
☐	ちゃんと契約をしたいのですが。	I'd like a proper contract.	59
☐	駐車の件についてお話したいのですが。	I'd like to talk to you about the parking issue.	225
☐	注文の変更をお願いしたいのですが、よろしいですか。	I'd like to change my order. Is that OK?	61
☐	ちょうど今、社に着いたところです。	I just got to work.	197
☐	ちょうど今、出社したところです。	I just got to work.	135
☐	ちょうど今、戻ったところです。	I just got back.	134
☐	ちょうど今あなたのメールを受け取ったところです。	I just got your e-mail.	135
☐	ちょうど、招待状を受け取ったところです。	I just got your invitation.	134
☐	ちょっとお待ちください。	Just a moment, please.	26
☐	ちょっとわかりかねます。	I'm not sure.	30
☐	散らかしちゃっていて、すみませんね。(自分のオフィスを案内して)	I'm sorry about the mess.	49

	日本語	English	ページ
☐	次はいつお会いすればよろしいでしょうか。	When should we meet next?	189
☐	常に自分の実力を証明しないといけません。	You have to prove yourself every day.	187
☐	妻は経理部長をしております。	My wife runs the accounting department.	155

	日本語	English	ページ
☐	低金利のチャンスを生かせますから。	We can take advantage of low interest rates.	204
☐	テキサスの物件にオファーをもらいました。	We got an offer for the property in Texas.	139
☐	適切な名前が重要だと思います。	I think the right name is important.	202
☐	できるかぎり上質のものをお願いしたいのですが。	I'd like the best one available.	59
☐	できるだけ時間が稼げるよう交渉しませんか。	Why don't we negotiate for as much time as possible?	208
☐	では、現地でよろしくお願いいたします。(フランスで合流予定の人に)	I look forward to seeing you in France.	101
☐	では、食事でもご一緒にいかがですか。	Why don't we have dinner together?	96
☐	では、その時に。(See you ... と言われたら)	See you then.	35
☐	では、ホワイトハウスのファイルを取ってきます。	I'll get the White House file.	104
☐	では、また。	See you later.	35
☐	では、予算案についてお話しましょうか。	Why don't we talk about the budget?	96
☐	ではちょっと失礼します。(自然に話を終わらせたい時に)	Talk to you later.	35
☐	では木曜日の仕事の後に、また。	See you Thursday after work.	35
☐	テレビでなくネットで宣伝することに決めました。	We decided to advertise online instead of on TV.	141
☐	手をお貸ししましょうか。	Would you like some help?	166
☐	天気のことが心配なんですよね。	We're concerned about the weather.	130
☐	展示会には出席しないことになりました。	We decided not to go to the convention.	141
☐	電車とタクシー、どちらで行きましょうか。	Would you like to go by train or taxi?	75
☐	電車に乗りそこなったので、タクシーで来ました。	I missed the train, so I took a taxi.	161
☐	転職することにしました。	I decided to go to another company.	141
☐	転送いたしますので、少々お待ちください。	I'll transfer you. Just a moment, please.	152

	日本語	English	ページ
☐	どうしてこれが優先事項なのでしたっけ?	Why was this a priority, again?	195
☐	どうしても帰宅しなければなりません。とても重要な用がありまして。	I have to get home. It's really important.	203
☐	どうしても経費削減をしないと、つぶれます。	We have to cut costs or we'll go out of business.	187
☐	どうすれば、彼のオファーをチャンスとして生かせますか。	How can we take advantage of his offer?	205
☐	どうぞこちらにおかけください。	Have a seat here.	19
☐	どうぞ。(同時に何か言ってしまった時に)	Go ahead.	27
☐	到着したらお電話します。	I'll call you when I get there.	105
☐	どうも、どうも、またお世話になります。	It's so nice to see you again.	76
☐	どうもお待たせしました。(ほんの少し待たせた時に)	Thank you for waiting.	27
☐	同僚はどんな感じですか。	What are the people in your office like?	119
☐	通らせてください。(エレベーターの奥から降りる時に)	Excuse me.	27
☐	どこかへお出かけですか?	Are you going somewhere?	166
☐	どこで募集すれば、優秀なアシスタントを雇えますか。	Where can I get a good assistant?	115
☐	どこに行けばいいマッサージが受けられますか。	Where can I get a good massage?	115
☐	どこに行けばタクシーを拾えますか。	Where can I get a taxi?	115
☐	どこに行けば日本語ソフトのあるPCが手に入りますか。	Where can I get a PC with Japanese language software?	115
☐	どこに行けば法律相談ができますか。	Where can I get legal advice?	115
☐	どこに電話を差し上げればいいですか、ご自宅、それともご勤務先?	Where should I call you, at home or at work?	189
☐	どちらにかけ直したらよろしいですか。	Where should I call you back?	207

な

に

ね

の

は

	日本語	English	ページ
	ばれたらどうしましょう？	What if we get caught?	125
	ハワイで、ラーメン店を経営しています。	I run a noodle shop in Hawaii.	155
ひ	控えとして写しをお送りいたします。	I'm sending a copy for your records.	67
	飛行機に乗り遅れたらどうしますか。	What if you miss your flight?	161
	久しぶり。（親しい人だけに）	Long time no see.	77
	ヒューストン支店でこれに対応することは可能でしょうか。	Can we take care of this at the Houston branch?	89
	費用のことが少し気になっています。	I'm a little concerned about the expenses.	131
	品質も本当に欠かせないですね。	Quality is really important, too.	202
ふ	普段は書類とファイルの整理をしています。	Usually, I organize the paperwork and files.	157
	普段は6時に退社します。	Usually, I'm off at 6.	199
	部長が怒るかなぁ。	Do you think the boss will get mad?	120
	部長を呼んできます。	I'll get the boss.	104
	普通なら、11月にこんなに雨は降らないものですよね。	Usually, it doesn't rain this much in November.	178
	普通は、会議で発言する必要はないけど。	Usually, we don't have to say anything at the meetings.	179
	二日酔いなんです。	I have a hangover.	72
	フライトはいかがでしたか？	How was your flight?	71
	フリーダイヤル番号をお持ちですか。	Do you have a toll-free number?	117
	プレゼン、頑張ってください。	Good luck with your presentation.	181
	プレゼンの準備をしているのですが。	I'm preparing for the presentation.	212
	プレゼンの準備をそろそろ始めませんか。	Why don't we start preparing for the presentation?	213
	プレゼンをどうもありがとうございました。	Thank you so much for your presentation.	78
	プレッシャーをかけないでください。	Please don't put pressure on me.	52
	フレッドはただ今、出張中でございます。	Fred is on a business trip right now.	65
へ	弊社で明日クリスマスパーティーを開きますが、お越しになれますか。	We have a Christmas party tomorrow. Can you come?	143
	弊社でお待ちしております。（来社予定の人に）	I look forward to seeing you at our office.	101
	弊社では、一度決めたら決断を変えることはそれほどありません。	Once we decide something, we don't really change our decisions.	177
	弊社では、緊急対応にしかご請求いたしません。	We only charge for emergency inspections.	162
	弊社ではウェブサイトのデザインをする会社を探しています。	We're looking for a company to design our website.	215
	弊社としては、それだけはやめておきます。	We'd really rather not.	113
	弊社とセラーズ氏との間にはずいぶんいざこざがありました。	We had a lot of trouble with Mr. Sellers.	165
	弊社のオーダーをキャンセルさせていただくことになりました。	We decided to cancel our order.	140
	弊社の流通システムを役立てていただけます。	You can take advantage of our company's distribution system.	205
	弊社はそちらを書面でいただきたいのですが。	We'd like that in writing.	59
	弊社はできるだけ時間の無駄を避けたいのです。	We'd really like to avoid wasting time.	221
	弊社はフランスの会社と少し取引があります。	We do some business with a French company.	227
	弊社も全力を尽くします。	We'll do our best.	43
	ベスはただ今、別の電話に出ております。	Beth is on another line right now.	65
	「変化が重要だ」と言ってました。（社長のスピーチについて）	He said, "Change is important."	172
ほ	報告書はもう依頼してあります。	I asked for a report already.	211
	報酬を上げてもらうよう交渉できると思う。	I think we can negotiate for better pay.	209
	ポーさんとお呼びすればよろしいでしょうか、それともテッド？	Should I call you "Mr. Poe" or "Ted"?	189
	他の会社にお願いすることになりまして。	We decided to use another company.	140
	保険の問題について話しませんか？	Why don't we talk about the insurance issue?	224
	保証期間中ですので、この件に関して費用は発生いたしません。	This is still under warranty, so we don't charge for this.	163
	ほとんどの日本の会社は従業員のボーナスをカットしている。	Most Japanese companies cut back employee bonuses.	201
	ボブさんには、みんなの給料をまだ振り込まないように言われました。	Bob said, "Please don't transfer everyone's pay yet."	172
	香港支社にいらっしゃったことはありますか。	Have you ever been to our Hong Kong branch?	63
	香港支社に売上報告書を頼んでくれますか。	Would you ask Hong Kong for the sales report?	210
	本当にお金の無駄！	This is really a waste of money!	220
	本当に難しくなってきましたからね。	It's gotten so difficult.	136
ま	マイアミ支社、ご存じですよね。	Do you remember the Miami branch?	93
	まぐれだよ。	He got lucky.	180
	まさかあの契約をダメにしたんじゃないだろうね。	You didn't lose that deal, right?	218
	まさしくその通りです。	That's exactly right.	185
	まず、自分の考えをまとめないと。	I have to organize my thoughts first.	157

☐	もうすべて終えてしまいましたから。	I finished everything already.	168
☐	もうタイムカードは押しましたか。	Did you punch out already?	169
☐	もうちょっと広いオフィスがあったら……。	I wish we had more space.	109
☐	もうメールでお送りしましたが。	I e-mailed it to you already.	168
☐	もしクレームがあればお知らせください。	If there're any complaints, please let me know.	103
☐	もし500しかオファーしてこなかったら、どうしますか。	What if they only offer 500?	125
☐	もしかしたら、ちょっと面倒かもしれませんね。	That might be a little too much trouble.	55
☐	もしかして、時間の無駄になるかもしれませんね。	I think that might be a waste of time.	221
☐	もし彼が外出していたら、どうすればいいですか。	What if he's out?	125
☐	もし何か新しい進展がございましたらお知らせください。	If there're any new developments, please let me know.	102
☐	もし何か必要な場合は、遠慮なくお尋ねください。	If you need anything, please don't hesitate to ask.	53
☐	もし何か問題がありましたらご連絡ください。	If there're any problems, please let me know.	102
☐	もっと効率化を図らなければ、つぶれます。	We have to be more efficient or we'll go out of business.	226
☐	もっと時間があったらいいのに。	I wish we had more time.	108
☐	もっと時間を稼げるように交渉しましょうか。	Why don't we negotiate for more time?	208
☐	もっと謝礼を多く提示した方がいいでしょうか。	Should we offer more money?	188
☐	もっと正確なデータをいただければ、大変ありがたいのですが。	I'd really appreciate it if you gave us more exact data.	185
☐	もっと良い取引条件を見つけました。	I found a better deal.	218

や	☐	約束ですよ。	It's a deal.	219
	☐	山田は本日、休みをいただいております。	Mr. Yamada is off today.	65
	☐	やめていただけるとありがたいのですが。（口笛を吹いている人に）	I'd really appreciate it if you stopped that.	53
	☐	やり方はちょっと定かではありません。	I'm not sure how.	31

ゆ	☐	融資を受けられなかったらどうしますか。	What if we don't get a loan?	125
	☐	ユニオン駅で乗り換えないといけませんよ。	You have to transfer at Union Station.	153

よ	☐	予算内にちゃんと収めてもらえるとありがたいのですが。	I hope you can stay within the budget.	106

ら	☐	来週なら時間が取れそうですが、それでよろしいでしょうか。	I have some time next week. Is that OK?	61
	☐	来年の予算をいつ最終決定するのですか。	When are you going to finalize next year's budget?	159
	☐	ラジオ・コマーシャルはどうですか。	How are the radio commercials going?	84

り	☐	リストに優先順位をつけませんか。	Why don't we prioritize the list?	158
	☐	リストラですね。	Cutbacks.	200
	☐	リストラのことはぎりぎりまで発表しませんでした。	They didn't announce the cutbacks until the last minute.	201
	☐	リストラは、本当に苦しいですね。	Cutbacks are really tough.	200
	☐	リストラは私の国でも大きな問題になっています。	Cutbacks are a big issue in my country, too.	200
	☐	理由についてはわかりかねます。	I'm not sure why.	31
	☐	料金はどんな感じですか？	What are their fees like?	118
	☐	料金は日割りで、それとも時間単位でのご請求になりますか。	Do you charge per day or per hour?	163
	☐	料金はプロジェクト単位でいただきます。	We charge per project.	163
	☐	領収書がもう整理されているとうれしいのですが。	I hope the receipts are organized already.	169
	☐	量ではなく、質が肝だと思います。	I'm concerned about the quality, not the quantity.	131
	☐	履歴書を添付いたします。	I'm sending my resume.	67

る	☐	ルールを破るわけにはいかないですしね。	We can't break the rules.	90

れ	☐	レンタカーはすごく安くなってきましたね。	Rental cars have gotten so cheap.	137

ろ	☐	労働環境の改善を交渉した方がいいです。	We should negotiate for better working conditions.	209
	☐	ロジャーにはもう言いましたか。	Did you tell Roger already?	169
	☐	ロンドンに転勤になるとうれしいですね。	I hope I get transferred to London.	153

わ	☐	わが社の新しいアプリの件はご存じですよね。	Do you remember the issue with our new app?	93
	☐	わが社の無駄はどうやって減らそうかな？	How can our company cut back waste?	220
	☐	わが社はこの地域に販売店はありましたっけ？	Do we have distributors in this area?	117
	☐	わかりました……いろいろとどうもありがとうございました。	I see . . . Thank you so much for everything.	79
	☐	私がアンケートの整理を手伝いましょう。	I'll organize the questionnaires with you.	156
	☐	私がすぐに対処します。（何か問題を指摘されて）	I'll take care of that right away.	217
	☐	私がスタッフの問題に対処しますから。	I'll take care of the staff issues.	216
	☐	私が納期によって優先順位をつけておきましょう。	I'll prioritize these according to their delivery dates.	159
	☐	私どもの最新の価格表を送らせていただきます。	I'm sending our latest price list.	67
	☐	私どもは7時には到着できると思いますが、それでよろしいですか。	I think we can be there by 7. Is that OK?	61

英数

著者プロフィール

スティーブ・ソレイシィ（Steve Soresi）

アメリカ・フロリダ州出身。1990年英語指導助手として岐阜県に初来日。1998年早稲田大学大学院政治経済学部でマスコミュニケーション理論を学び同大学院修士課程を修了。2009年青山学院大学大学院国際政治学研究科博士課程を修了。拓殖大学、東洋英和女学院大学の専任講師を経て、2011年ソレイシィ研究所（株）を設立。現在、同研究所の代表として日本の「英語が使える国の仲間入り」を目指した英語教材の企画開発、英語教授法の研究と人材育成、英会話コーチ、セミナー、講演などを行っている。BBT大学教授。NHKラジオ第2放送『英会話タイムトライアル』講師（2012年4月〜現在）。公式サイト https://www.soreken.jp/　公式Twitter @SteveSoresi

ロビン・ソレイシィ（Robin Soresi）

スティーブの母。バージニア州生まれ。パンアメリカン大学卒業後、IBMなどの企業に勤務。米国会議員の秘書を務めた後、1972年にフロリダに移住。老人福祉の会社を通じ、講師としてさまざまなセミナーを担当した。在日中は、子どもから大人まで、幅広い層を対象に英会話教授を経験。2021年に逝去。

ビジネス・コミュニケーションを成功に導く

改訂版 英会話ペラペラビジネス100

発行日：2002年3月20日（初版　初刷）
　　　　2021年1月28日（改訂版　初刷）
　　　　2024年7月4日（改訂版第6刷）

著者：スティーブ・ソレイシィ／ロビン・ソレイシィ
編集：株式会社アルク　出版編集部

装丁デザイン：伊東岳美
本文デザイン：松本田鶴子／伊東岳美
装丁イラスト：駒田寿郎
本文イラスト：綿谷 寛（pp.16-35）、大矢正和（pp.40-79、pp.84-143、pp.148-227）
　　　　　　　広田 正（pp.36-38、pp.80-82、pp.144-146、pp.228-229）
著者写真（帯）：島卓也（Shima Photography）

ナレーション：Steve Soresi、Greg Dale、Julia Yermakov、Bianca Allen
録音・編集：株式会社メディアスタイリスト、株式会社マコー技研
DTP：株式会社秀文社
印刷・製本：日経印刷株式会社

発行者：天野智之
発行所：株式会社アルク
　　　　〒141-0001　東京都品川区北品川6-7-29 ガーデンシティ品川御殿山
　　　　Website：https://www.alc.co.jp/

地球人ネットワークを創る

アルクのシンボル
「地球人マーク」です。